갓톡(GOD talk) 청소년 성경공부 시리즈1 (교사용)

하나님, 친추해요!

갓톡(GOD talk) 청소년 성경공부 시리즈1 (교사용)

하나님, 친추해요!

초판 1쇄 발행 | 2017. 12. 20
초판 1쇄 인쇄 | 2017. 12. 20
지은이 | 박태용
펴낸이 | 박미옥
펴낸곳 | 맑은하늘
편 집 | 이지선
교 정 | 성주희
일부 총판 | 비전북 (031) 907-3927
등 록 | 제 679-30-00201호(2016. 8.11)
주 소 | 부천시 원미구 중동 1289번지 팰리스카운티 아이파크상가 3층
전 화 | (032) 611-7578
팩 스 | (032) 343-3567
도서 출간 상담 | E-mail:chmbit@hanmail.net
Homepage | cjesus.co.kr

ISBN : 979-11-88790-01-2   04230
ISBN : 979-11-88790-00-5 (세트)

정가 : 4,500원

갓톡(GODtalk) 시리즈 ver ①

하나님, 친추해요!

박태용 목사

나도 +_+!

예수님,
사랑해요 :))

다음세대 교육의 새 기쁨
맑은하늘

저자의 말

요즘 중고등 학생들을 보면, 카톡을 참 많이 합니다. 어떤 아이들은 거의 하루 종일 핸드폰을 손에서 놓지 않고 하는 경우도 봅니다. 한손으로 핸드폰을 쥐고 얼마나 빨리 글자를 입력하는지, 그 신기에 가까운 속도에 깜짝 놀랄 때가 많습니다.
물론 사람들과 서로 소통하는 것이니, 여러 가지 좋은 점들이 많이 있겠지요. 그런데 그런 모습들을 지켜보면서, '하나님과 저렇게 늘 가까이 소통하면 얼마나 좋을까?'라는 안타까운 마음이 들었습니다. 그래서 '하나님과의 카톡'이라는 의미의, '갓톡(God-Talk)' 시리즈를 구상해보게 되었습니다.

시리즈의 1권은 '하나님, 친추해요'라는 주제로서, 카톡에서 친구를 추가하듯이 하나님과 친구를 맺는다는 개념입니다.

야고보서 2:23절에 보면 "이에 성경에 이른 바 아브라함이 하나님을 믿으니 이것을 의로 여기셨다는 말씀이 이루어졌고 그는 하나님의 벗이라 칭함을 받았나니"라고 했습니다. 믿음의 조상인 아브라함은 하나님을 잘 믿어서, '하나님의 벗'이라고 인정을 받았지요. 하나님께서는 그를 통해 하나님의 백성들이 세워지게 하셨습니다.

출애굽기 33:11절에 보면, "사람이 자기의 '친구'와 이야기함 같이 여호와께서는 모세와 대면하여 말씀하시며..." 라는 대목이 나옵니다. 하나님께서는 하나님의 사람 모세를 친구처럼 만나주시고, 대화를 나누셨지요. 하나님께서는 이처럼 모세를 친구처럼 가까이 대해주셨고, 이집트에서 종살이하던 하나님의 백성들을 그를 통해 구원해내는 큰일을 이루셨습니다.

오늘도 하나님께서는 아브라함처럼, 모세처럼 친구삼아 귀히 쓰실 사람을 찾고 계십니다. 친구가 되자고 우리 마음의 문을 두드리고 계십니다. 하나님을 친구로 추가해보세요. 우리 친구들의 삶에 크고 놀라운 일들이 일어나게 될 줄로 믿습니다.

저자 박태용 목사

Contents

저자의 말 · 4

교재의 구성과 사용법 · 6

1부 하나님을 알고 싶어요

1. 하나님은 계실까요? | [하나님의 존재] · 8

2. 하나님을 어떻게 알 수 있나요? | [하나님의 말씀] · 14

3. 하나님은 어떤 분일까요? | [하나님의 영광] · 20

2부 왜 하나님을 믿어야 할까요?

4. 하나님은 우리를 창조해주셨어요 | [창조주 하나님] · 25

5. 하나님은 우리를 인도해주세요 | [전지하신 하나님] · 30

6. 하나님은 우리를 도와주세요 | [전능하신 하나님] · 35

3부 하나님을 잘 믿으면 어떻게 될까요?

7. 하나님을 닮게 되어요 | [거룩한 삶] · 40

8. 하나님의 축복의 통로가 되어요 | [복 있는 삶] · 45

9. 하나님께서 귀하게 써주세요 | [의미있는 삶] · 50

4부 어떻게 하면 하나님을 잘 믿을 수 있을까요?

10. 예배를 드리세요 | [예배자를 찾으심] · 55

11. 말씀을 들으세요 | [믿음은 들음에서] · 61

12. 간절히 기도하세요 | [기도하면 만나주심] · 66

교재의 구성과 사용법

청소년 성경공부 시리즈 갓톡(GODtalk) 시리즈는 친한 친구와 정겹게 카톡하며 소통하듯 말씀으로 하나님과 소통하며 아름다운 교제와 나눔을 가질 수 있도록 구성된 성경공부 교재입니다.

[제목]
매 과의 주제 제목이다.

[가다듬기]
각 과의 공과 목표이자 배워야 할 내용을 말한다.

[마음열기]
[마음열기]에는 매주 관련있는 감동적인 예화나 생각해 볼 내용이 수록되어 있다. 수록된 내용을 읽고 서로 자연스럽게 토론하고 대화를 나누는 시간이다.

[하나님과 갓톡해요]
'카톡'이 아닌 '갓톡'(GODtalk)이다.
현대생활에 뗄 수 없는 소통도구인 '카톡'에서 아이디어를 얻어 '갓톡'이란 명칭을 사용하였다.
하나님과 소통하고 대화한다는 설정으로 하나님이 본문과 관련된 질문을 하시면 학생들이 자신의 생각을 답변하는 식이다.
교사로 필요한 사항을 설명하였으니 잘 읽어보고 아이들과 소통의 방향을 잘 잡기 바란다.

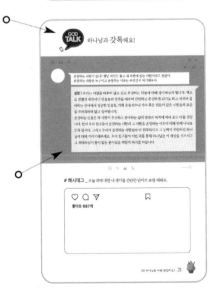

[해시태그]

많이 사용하는 SNS에서 힌트를 얻었는
데 매 과마다 공과공부를 하면서 틈틈히
본 과를 배우며 생각나는 단어들을 기록
해 보도록 한다.

[말씀살피기]

배워야 할 주제에 맞춘 성경 본문과 질문
이 기록되어 있다.
정답에 대한 설명을 잘 파악해서 아이들
에게 말씀이 주는 의미와 핵심사항을 잘
설명한다.
중심이 되는 말씀과 그에 대한 중요한 질
문에 답을 찾음으로 성경 말씀에서 주는
교훈이 무엇인지 확실히 깨닫도록 지도
한다.

[나누고 실천하기]

[나누고 실천하기]는 배운 말씀을 나누고
소통하며 생활에 적용하고 실천하는 과
정이다.
선생님과 학생들간에 서로 답변하고 의
견을 교환하면서 배운 말씀을 나누고 실
천하도록 노력한다.

1과 하나님은 계실까요?

(하나님의 존재)

[가다듬기]

"과연 하나님은 계실까? 하나님이 계시다면 우리는 그 사실을 어떻게 알 수 있을까?"
이 질문에 대해 성경은 어떻게 대답하고 있는지 살펴본다. 모든 피조물들을 볼 때,
그것을 지으신 창조주가 존재한다는 사실에 대해 확신을 갖게 된다.

마음열기

여기 명품시계가 있습니다. 초침이 60 눈금을 가면 분침이 1눈금을 가고, 분침이 60 눈금을 가면 시침이 1눈금을 갑니다. 시계는 명품일수록 오차가 작습니다.

우리가 사는 태양계는 거대한 명품 시계와 같습니다. 지구는 하루에 한 바퀴 스스로 돌고, 달은 한 달에 한 바퀴 지구를 돌며, 지구는 1년에 한 바퀴 태양을 돕니다.

이 모든 운행에는 한 치의 오차도 없습니다. 명품 시계가 우연히 만들어졌다고 말하면 믿을 사람은 아무도 없을 것입니다. 시계가 존재한다는 것은 자신의 지혜와 능력으로 그 시계를 만든 기술자가 존재하기 때문에 가능합니다. 마찬가지로 이 질서 있고 조화로운 우주는 그것을 지으신 창조주가 계신 것과 그가 얼마나 지혜롭고 능력 있는 분인지를 분명하게 보여줍니다.

GOD TALK

하나님과 갓톡해요!

God! ○○아! 너는 언제 내가 생각이 나니? 생각이 난 이유도 말해줄래?

설명 | 우리는 하나님을 믿는다고 하지만 삶 속에서 하나님을 잊고 지낼 때가 참 많습니다. 그래서 우리는 가끔 하나님의 존재를 잊어버리고 내 힘대로, 내 뜻대로 무언가를 해보려고, 해내려고 안간 힘을 쓸 때가 있지요. 그리고 우리 힘으로 할 수 없음을 깨달을 때 우리는 하나님의 존재를 다시 기억해냅니다.

또한 우리는 우리 주변의 모든 것들을 통해 하나님을 발견할 수 있습니다. 아름다운 꽃들이 자라고 바람이 불고 비가 오는 것, 이러한 자연현상을 통해 모든 만물을 운행하시는 하나님의 손길을 느끼게 되지요. 우리 친구들은 삶 속에서 언제 하나님의 살아계심을 느끼고 경험했는지 귀 기울여 들어주세요.

해시테그 _ 오늘 과에 대한 내 생각을 간단한 단어로 표현해봐요

> 매주마다 생각나는 단어들을 자연스럽게 적어보세요.

♡ ○ ◁   🔖

좋아요   개

#존재 #갤럭시 # 명품 #조화 #가까운 듯 #아가페 #승리 #파도 #강한힘
#사랑사랑 #승리 #하나님의 진노

말씀살피기

아래 말씀을 깊이 묵상하며 답을 해봅시다.

[로마서 1:18~20]
18 하나님의 진노가 불의로 진리를 막는 사람들의 모든 경건하지 않음과 불의에 대하여 하늘로부터 나타나나니 19 이는 하나님을 알 만한 것이 그들 속에 보임이라 하나님께서 이를 그들에게 보이셨느니라 20 창세로부터 그의 보이지 아니하는 것들 곧 그의 영원하신 능력과 신성이 그가 만드신 만물에 분명히 보여 알려졌나니 그러므로 그들이 핑계하지 못할지니라

1. 하나님께서는 우리에게 자신을 어떻게 알려주십니까? (19절)

정답_ 하나님께서는 '하나님을 알 만한 것'을 우리에게 보여주셨습니다. 우리가 하나님을 알 수 있도록 하나님께서 자신을 우리에게 보여주는 것을 계시(revelation)라고 합니다. 계시에는 두 가지 종류가 있습니다.

계시의 종류	계시의 대상	계시의 내용	계시의 방법
특별계시	구원받을 사람에게	하나님의 구원하심	성경
일반계시	모든 사람에게	하나님의 존재하심	역사, 양심, 자연

첫째는 하나님께서 구원하기로 예정하신 사람을 구원하기 위해 하나님을 알려주는 특별계시가 있습니다. 하나님께서는 직접 또는 천사나 선지자, 예수님을 통해 하신 말씀으로 구원을 계시하셨습니다. 또한 여러 기적적인 행동들을 통해 구원을 계시하셨습니다. 성경은 이러한 특별계시를 모아 놓은 책입니다.

둘째는 모든 사람에게 하나님께서 존재한다는 사실을 알려 주는 일반계시가 있습니다. 일반계시에는 역사와 양심과 자연이 있습니다.

① 역사를 잘 살펴보면, 결국은 선이 악을 이기게 하는 역사의 주관자이신 하나님이 존재한다는 사실을 알 수 있습니다.

② 하나님의 형상대로 지음받은 인간의 양심 속에는 비록 타락하여 완전하지는 않지만, 하나님을 알 수 있는 하나님 닮은 좋은 성품들이 있습니다. (진실, 사랑, 정의, 선 등)

③ 자연을 잘 살펴보면, 그것을 지으신 만물의 창조주이신 하나님이 존재한다는 사실을 알 수 있습니다.

우리는 자연만물을 바라볼 때, 그것을 지으신 무한히 지혜롭고 능력있는 창조주가 존재한다는 사실을 알 수 있습니다.

2. "나는 하나님께서 계신 줄 알지 못했습니다!" 라는 핑계가 통하지 않는 이유는 무엇일까요? (20절)

정답_ 하나님은 보이지 않지만 눈에 보이는 피조세계 속에 창조주이신 하나님의 무한하신 지혜와 능력이 너무도 분명히 나타나 있습니다. 따라서 "나는 하나님께서 계신 줄 알지 못했습니다!" 라고 핑계할 수 없습니다. 온 우주의 눈길 닿는 모든 곳마다, 창조주 하나님께서 존재하신다는 증거들로 가득합니다.

3. 창조주께서 존재하는 증거가 이렇게 분명한데도, 끝내 하나님을 부인하는 사람들은 어떤 결과를 맞이하게 됩니까? (18절)

정답_ 하나님의 진노가 임한다고 했습니다. 하나님의 진노는 '하나님의 정당한 분노' 입니다. 사람의 분노는 정당하지 못할 때가 많지만, 하나님의 분노는 정당합니다. 하나님께서 만드신 하늘 아래와 땅 위에서, 하나님께서 지으신 것으로 먹고 마시고 숨 쉬며 살면서도, 하나님을 부인하는 사람들은 하나님의 진노를 받아 마땅합니다. 우리는 하나님의 존재를 인정하고, 모든 것이 하나님의 은혜임을 감사하며 살아야겠습니다.

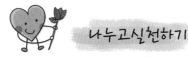

나누고실천하기

1. 자신이 지금까지 가본 산이나, 바다, 강, 섬 등의 자연 경치 중에서 가장 멋지고 아름 다웠던 곳은 어디였는지 나눠봅시다. 혹시 핸드폰에 사진이나 영상으로 저장되어 있는 것이 있으면 함께 보기로 해요.

2. 창조주 하나님께서 우리에게 선물로 베풀어 주신 이 세상의 만물에는 어떤 것들이 있을까요? 생각나는 대로 이야기해보고, 하나님께 감사하는 시간을 가져보아요.

   * 생명, 건강, 가족, 친구, 하늘, 땅, 해, 달, 별, 공기, 물, 과일, 채소, 고기, 산, 바다, 들, 강 등

3. 시편 19편의 시인은 모든 자연 만물은 창조주께 찬양하며 영광을 돌리고 있다고 노래했습니다. 영혼의 귀를 기울이면 들을 수 있는 자연의 찬양에는 무엇이 있을까요?

   시 19:1-4
   1 하늘이 하나님의 영광을 선포하고 궁창이 그의 손으로 하신 일을 나타내는도다
   2 날은 날에게 말하고 밤은 밤에게 지식을 전하니
   3 언어도 없고 말씀도 없으며 들리는 소리도 없으나
   4 그의 소리가 온 땅에 통하고 그의 말씀이 세상 끝까지 이르도다 하나님이 해를 위하여 하늘에 장막을 베푸셨도다

   * 팔 벌려 하나님을 찬양하는 나무들과 그들 사이로 지나가는 바람소리. 흐르는 시냇물소리, 지저귀는 새들의 소리 등

   * 궁창(firmament) : 지구를 둘러싸고 있는 대기권

   시편 19편의 시인은 온 우주에 창조주를 향한 찬양이 가득하다고 노래하고 있습니다. 낮과 밤은 서로 교대로 하나님을 찬양하는 오케스트라와 같습니다. 이 찬양은 낮과 밤을 번갈아 이어가며 끊임없이 계속됩니다. 비록 하나님을 믿지 않는 사람들의 육신의 귀에는 들리지 않을 수도 있지만, 하나님을 믿는 사람들의 영적인 귀는 이 찬양을 들을 수 있습니다.

4. 천지를 창조하신 하나님의 은혜를 찬양하는 찬송가나 복음성가는 무엇이 있을까요? 한 주간 동안 찾아보고 핸드폰에 다운 받아 놨다가 다음 주에 서로 들려주기로 해요.

2과 하나님을 어떻게 알 수 있나요?
(하나님의 말씀)

[가다듬기]

우리는 하나님께서 지으신 세계를 보며 하나님께서 계시다는 것과 그분의 지혜와 능력이 얼마나 큰지를 알 수 있다(일반계시). 더 나아가 하나님의 말씀인 성경을 통해 하나님의 속성과 우리를 위한 구원의 계획을 알 수 있다(특별계시). 성경은 하나님의 말씀이라는 것과 우리는 성경을 통해 하나님에 대해 더 많은 것을 알 수 있음을 깨닫게 한다.

 마음열기

우리가 가지고 있는 성경 66권은 창세기의 모세부터 요한계시록의 사도 요한까지 약 1,500여 년 동안(B.C.1,446-A.D.96), 40여명의 저자들에 의해 기록되었습니다.

구약성경 39권은 A.D.90년에 유대교 랍비 요하난 벤 자카이가 주도한 '얌니아 종교회의'에서 정통성 있는 성경으로 공인되었습니다.

신약성경 27권은 A.D.397년에 어거스틴이 주도한 '카르타고 종교회의'를 통해 정경으로 공인되었습니다. 이처럼 사람이 기록했고 사람이 회의해서 결정했는데, 왜 성경은 하나님의 말씀이라고 할까요?

하나님과 갓톡해요!

God! 성경말씀 중 최근에 읽었던 말씀은 어떤 말씀인지 이야기해줄 수 있겠니?

설명 | 우리가 신앙생활을 하다보면 누구나 한 번쯤 생각하게 되는 것이 있습니다.
'하나님은 어떤 분이실까?' 사랑하는 사람이 생기면 그 사람의 사소한 버릇까지 모두 알고
싶어하는 것처럼 하나님을 사랑하게 되면 그분에 대해 알고 싶어 하는 것은 어쩌면 당연한
것이겠지요.
우리가 하나님을 알 수 있는 가장 정확한 방법은 바로 하나님이 우리에게 주신 성경을 읽는
것입니다. 어떤 과학적인 근거나 인간의 똑똑한 지혜보다 하나님에 대해 알 수 있게 해주는
것은 성경 뿐이라는 것이지요. 그래서 우리는 하나님이 주신 성경을 가까이하며 하나님의
말씀 읽기를 즐거워해야 합니다. 우리 친구들이 최근에 읽었던 말씀은 어떤 것인지 함께 나
눠보며 그 말씀을 통해 묵상한 내용도 함께 나눌 수 있도록 인도해주시길 바랍니다. 그러나
말씀 읽는 것을 통해 그 사람의 신앙을 판단하는 잣대로 사용하지 않도록 주의해주세요.

해시태그 _ 오늘 과에 대한 내 생각을 간단한 단어로 표현 해봐요.

좋아요   개

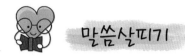

말씀살피기

아래 말씀을 깊이 묵상하며 답을 해봅시다.

[디모데후서 3:13~17]
[13]악한 사람들과 속이는 자들은 더욱 악하여져서 속이기도 하고 속기도 하나니 [14]그러나 너는 배우고 확신한 일에 거하라 너는 네가 누구에게서 배운 것을 알며 [15]또 어려서부터 성경을 알았나니 성경은 능히 너로 하여금 그리스도 예수 안에 있는 믿음으로 말미암아 구원에 이르는 지혜가 있게 하느니라 [16]모든 성경은 하나님의 감동으로 된 것으로 교훈과 책망과 바르게 함과 의로 교육하기에 유익하니 [17]이는 하나님의 사람으로 온전하게 하며 모든 선한 일을 행할 능력을 갖추게 하려 함이라

1. 성경을 하나님의 말씀이라고 하는 이유는 무엇일까요? (16a)

정답_ 모든 성경은 '하나님의 감동'으로 된 것으로

성경을 기록한 것은 사람이지만, 그 기록자로 하여금 그렇게 기록하도록 성령을 통해서 '영적인 감동'(영감 靈感, inspiration)을 불어 넣어주신 분은 하나님이시기 때문입니다. 영감을 주실 때 하나님께서 일일이 불러주시고 성경 저자들은 기계적으로 받아쓰게 하신 것은 아닙니다. 성경 저자들의 개성, 교육정도, 직업, 문화적 차이, 경험 등이 전인격적으로 다 반영되도록 하되, 오류 없이 하나님의 뜻이 온전히 기록될 수 있도록 감동을 주셨습니다.
또한 성경은 종교회의의 결정을 통해 없던 권위가 있게 되어 하나님의 말씀이 된 것이 아니라, 이미 하나님의 말씀으로서 권위를 인정받고 있는 것을 종교회의를 통해 확인하고 고백한 것뿐입니다.

성경은 성령으로 영감된 하나님의 말씀입니다. 하나님은 지으신 세계(world)를 통해서 뿐만 아니라, 기록하게 하신 말씀(words)을 통해 우리에게 훨씬 더 많은 것을 계시해주십니다.

[성경이 성령으로 영감된 하나님의 말씀이라는 증거]

조화와 통일	성경은 시대와 장소와 언어와 배경이 다 다른 40여명의 저자가 1,500여년의 기간에 걸쳐서 기록했습니다. 그럼에도 66권 1,189장 31,173절에 이르는 성경이 서로 모순 없이 완벽한 조화와 통일성을 이루는 것은 원저자가 하나님 한 분이시기 때문입니다.
기적과 예언	성경은 수많은 기적들과 함께 선포되어 성경이 전능하신 하나님의 말씀임이 증명되었으며, 그 안의 수많은 예언들이 성취되어 전지하신 하나님의 말씀임 또한 증명되었습니다.
신적 감화력	성경 말씀이 선포되는 곳마다, 개인이 구원받고 가정과 사회와 국가가 거룩하게 변화되는 신적인 강력한 능력이 나타나고 있습니다.

2. 하나님께서 우리에게 성경을 주신 이유는 무엇일까요? (15절)

정답_ 우리에게 지혜를 주시기 위함인데, 그 지혜는 세상의 지혜가 아니라 예수님을 믿음으로 구원에 이르는 지혜를 말합니다. 성경은 거룩하신 하나님과 죄인 된 자신을 발견하게 하고, 유일하신 구원자 예수님께로 이끌어, 그분을 믿음으로 구원을 얻게 합니다. 세상에 수백만 가지의 책이 있지만, 구원에 이르는 지혜를 주는 책은 성경밖에 없습니다. 성경은 '책 중의 책'(the book of books)입니다.

3. 구원받는 것 외에 성경을 통해 우리는 어떤 유익을 얻게 됩니까? (16-17절)

정답_ 성경은 진리를 가르쳐주고 잘못은 책망해주며, 허물을 고쳐주고 바른 삶에 대한 훈련을 시켜줍니다. 그래서 우리를 온전한 사람이 되게 하고 모든 선한 일을 행할 능력을 갖추게 합니다.
우리가 핸드폰을 사면 반드시 사용설명서(매뉴얼, manual)가 따라옵니다. 사용설명서에는 핸드폰이 가장 기능을 잘 발휘할 수 있도록 알려주는 안내 사항과 핸드폰이 파손되지 않도록 주의 사항이 기록되어 있습니다. 이처럼 성경은 우리 인간을 창조하신 하나님께서 우리가 최고의 삶을 살 수 있도록 허락해주신 '인생 매뉴얼'입니다.

4. 우리는 성경에 대해 어떤 태도를 가져야 할까요? (13-14절)

정답_ 날이 갈수록 온갖 이단들과 거짓 교훈들이 일어나 우리를 혼란스럽게 하지만, 그럴 때 일수록 배우고 확신한 일에 거해야 합니다. 성경을 잘 배우고 성경 말씀에 대한 흔들림 없는 믿음으로 굳게 서야 합니다.

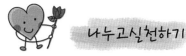

나누고실천하기

1. 성경에 대해 여러 이야기들을 나누어 봅시다.

   * 성경은 어떤 책이라고 생각했습니까?
   * 성경을 제일 처음 접해본 적은 언제입니까? 그 때 어떤 느낌을 받았습니까?
   * 자신이 가장 좋아하는 성경이나 성경 구절은 무엇입니까?
   * 지금까지 성경을 몇 번이나 읽어 보았습니까?
   * 요즘 성경을 얼마큼 읽고 있습니까?

2. 다음 말씀을 읽고 우리는 성경을 어떻게 대해야 하는지 생각해봅시다.

   [시 19:9-11]
   9   여호와를 경외하는 도는 정결하여 영원까지 이르고 여호와의 법도 진실하여 다 의로우니
   10   금 곧 많은 순금보다 더 사모할 것이며 꿀과 송이꿀보다 더 달도다
   11   또 주의 종이 이것으로 경고를 받고 이것을 지킴으로 상이 크니이다

   '순금'은 세상에서 가장 가치 있는 것의 상징이고, '송이꿀'은 세상에서 가장 달콤한 것의 상징입니다. 우리는 하나님의 말씀을 순금보다 더 귀하게 여기고, 송이꿀보다 더 달게 여겨야 합니다. 왜냐하면 우리는 말씀을 통해 순금보다 더 가치 있는 영원한 생명을 얻고, 송이꿀보다 더 달콤한 영원한 행복을 얻기 때문입니다.

3. 성경은 가장 많이 팔린 책임과 동시에 가장 읽히지 않는 책이기도 합니다. 한주간 동안 한 권의 성경을 정해 놓고 함께 읽어 봅시다.

   * 구약의 창세기, 신약의 요한복음 등

3과 하나님은 어떤 분일까요?

(하나님의 영광)

[가다듬기]

하나님은 헛된 우상에 불과한 세상의 신들과는 달리, 살아계셔서 온 세상을 창조한, 무한히 영광스럽고 유일한 참 신이시다. 우리는 하나님이 얼마나 위대하신지 더 잘 알아야하고, 그분의 위대하심에 합당한 영광을 돌리며 그분을 섬겨야 함을 깨닫는다.

마음열기

믿음의 조상인 아브라함은 원래 메소포타미아의 '갈대아 우르'라는 도시에서 우상을 만들어 파는 집안의 아들이었다고 합니다. 그는 환상 중에 살아 계신 하나님을 만났고, 하나님만을 섬기기로 결단을 했습니다. 하루는 아버지가 외출하신 동안, 아브라함은 창고에 팔기 위해 쌓아놓은 우상을 다 깨버렸습니다. 집에 돌아와 깜짝 놀라 어떻게 된 일인지 묻는 아버지에게 아브라함은 다음과 같이 대답했습니다. "아버지가 나가신 뒤로 우상들끼리 싸움이 나서 서로 싸우다가 다 깨져버렸습니다" 그러자 아버지는

"돌로 깎아 만든 우상이 어떻게 움직일 수 있고, 서로 싸울 수 있느냐?"고 꾸짖었습니다. 그러자 아브라함은 "아버지 맞습니다. 돌로 만들어서 움직이지도 못하는 헛된 우상을 섬기지 말고, 살아서 역사하시는 하나님을 섬깁시다."라고 했습니다. 그리고 그는 아버지를 모시고 우상의 도시 갈대아 우르를 떠나, 약속의 땅 가나안으로 가서 믿음의 조상이 되었습니다.

하나님과 **갓톡**해요!

God! 존경하는 사람이 있니? 옛날 위인도 좋고 네 주변에 있는 사람이라도 괜찮아.
존경하는 사람은 누구이고 존경하는 이유는 무엇인지 얘기해보자.

설명 | 우리는 어렸을 때부터 닮고 싶고 존경하는 인물에 대해 생각해보게 됩니다. 책으로 접했던 위인이나 인물들의 업적을 배우며 감탄하고 존경하게 되기도 하고 자신이 좋아하는 분야에서 성공한 인물들, 가령 운동선수나 가수 혹은 전문가 같은 사람들의 모습을 부러워하며 닮고 싶어합니다.

존경하는 인물은 각 사람이 추구하고 좋아하는 삶의 방향과 목적에 따라 모두 다를 것입니다. 먼저 우리 친구들이 존경하는 사람과 그 사람을 존경하는 이유에 대해 함께 나눠보도록 합시다. 그리고 우리가 존경하는 사람보다 더 위대하시고 그 능력이 무한하신 하나님에 대해 이야기해주세요. 우리 친구들이 이번 과를 통해 하나님은 이 세상을 지으시고 그 위대하심이 끝이 없는 분이심을 깨닫게 되기를 바랍니다.

해시태그 _ 오늘 과에 대한 내 생각을 간단한 단어로 표현 해봐요

좋아요   개

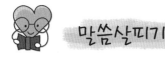

말씀살피기

아래 말씀을 깊이 묵상하며 답을 해봅시다.

[시편 96:1~10]

¹ 새 노래로 여호와께 노래하라 온 땅이여 여호와께 노래할지어다 ² 여호와께 노래하여 그의 이름을 송축하며 그의 구원을 날마다 전파할지어다 ³ 그의 영광을 백성들 가운데에, 그의 기이한 행적을 만민 가운데에 선포할지어다 ⁴ 여호와는 위대하시니 지극히 찬양할 것이요 모든 신들보다 경외할 것임이여 ⁵ 만국의 모든 신들은 우상들이지만 여호와께서는 하늘을 지으셨음이로다 ⁶ 존귀와 위엄이 그의 앞에 있으며 능력과 아름다움이 그의 성소에 있도다 ⁷ 만국의 족속들아 영광과 권능을 여호와께 돌릴지어다 여호와께 돌릴지어다 ⁸ 여호와의 이름에 합당한 영광을 그에게 돌릴지어다 예물을 들고 그의 궁정에 들어갈지어다 ⁹ 아름답고 거룩한 것으로 여호와께 예배할지어다 온 땅이여 그 앞에서 떨지어다 ¹⁰ 모든 나라 가운데서 이르기를 여호와께서 다스리시니 세계가 굳게 서고 흔들리지 않으리라 그가 만민을 공평하게 심판하시리라 할지로다

1. 하나님과 다른 신들은 어떤 차이가 있습니까? (5절)

정답_ 만국의 모든 신들은 사람이 깎아 만든 우상에 불과하지만, 하나님께서는 천지를 창조하신 참 신이십니다. 우리는 사람이 만든 우상을 섬기면 안 되고, 사람을 만드신 하나님을 섬겨야 합니다.

2. 본문은 하나님이 어떤 분이라고 알려주고 있습니까?

정답_

* 구원자(2절), 창조주(5절), 만국을 다스리며 만민을 심판하실 통치자(10절).
* 위대하시고(4절), 존귀와 위엄이 넘치시며, 능력이 많고 아름다운 분(6절).
* 하나님은 살아 역사하시며, 영광이 충만하십니다.

＊'영광'(glory)이란, 하나님의 지극히 크고 위대하시며 완전하신 속성을 나타내는 말인데, 흔히 사람은 감히 가까이 갈 수 없는 찬란한 빛으로 표현됩니다. 하나님의 영광스러운 속성은 크게 두 가지 종류가 있습니다.

	스스로 존재하심(자존성)	출 3:14
하나님만 갖는 속성 (비공유적 속성)	변치 않으심(불변성)	시 102:26-28
	영원하심(영원성)	시 90:2
	어디에나 계심(편재성)	시 139:7-10
사람도 부분적으로 함께 갖는 속성 (공유적 속성)	영적 존재이심(영성)	요 4:24
	지식과 지혜(전지성)	시 139:1-4
	의지와 능력(전능성)	눅 1:37
	거룩하심	출 15:11
	의로우심	스 9:15
	선하심(사랑, 은혜, 긍휼 등)	시 136:1

3. 우리는 하나님을 어떻게 섬겨야 합니까? (8-9절)

정답_ 그 이름에 합당한 영광을 돌려야 합니다. 예물을 들고 아름답고 거룩한 옷을 입고 그분께 나아가야 합니다. 하나님 앞에 나아갈 때 아무 준비 없이 함부로 나아가면 안 되고 자신을 하나님 앞에 산 제물로 드린다는 마음으로, 두렵고 떨림으로 겸손히 나아가야 합니다. 겉모습도 아름답고 거룩하게 갖추어야 하겠지만, 마음을 하나님 앞에 아름답고 거룩하게 갖추어야 합니다. 그분이 얼마나 크고 위대한 분인지 깨닫고, 그 이름에 합당한 영광을 돌리며 나아가야 합니다.

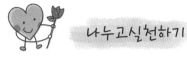
나누고실천하기

1. 다음 말씀을 읽고 우상 숭배의 어리석음에 대하여 서로 나누어봅시다.

   [사 44:15~20]
   15 무릇 이 나무는 사람이 화목을 삼는 것이어늘 그가 그것을 가지고 자기 몸을 더웁게도 하
       고 그것으로 불을 피워서 떡을 굽기도 하고 그것으로 신상을 만들어 숭배하며 우상을 만
       들고 그 앞에 부복하기도 하는구나
   16 그 중에 얼마는 불사르고 얼마는 고기를 삶아 먹기도 하며 고기를 구워 배불리기도 하며
       또 몸을 더웁게 하여 이르기를 아하 따뜻하다 내가 불을 보았구나 하면서
   17 그 나머지로 신상 곧 자기의 우상을 만들고 그 앞에 부복하여 경배하며 그것에게 기도하
       여 이르기를 너는 나의 신이니 나를 구원하라 하는도다
   18 그들이 알지도 못하고 깨닫지도 못함은 그 눈이 가리워져서 보지 못하며 그 마음이 어두
       워져서 깨닫지 못함이라
   19 마음에 생각도 없고 지식도 없고 총명도 없으므로 내가 그것의 절반을 불 사르고 또한 그
       숯불 위에서 떡도 굽고 고기도 구워 먹었거늘 내가 어찌 그 나머지로 가증한 물건을 만들
       겠으며 내가 어찌 그 나무 토막 앞에 굴복하리요 말하지 아니하니
   20 그는 재를 먹고 허탄한 마음에 미혹되어 자기의 영혼을 구원하지 못하며 나의 오른손에
       거짓 것이 있지 아니하냐 하지도 못하느니라

   똑같은 나무로 어떤 것은 땔감으로 쓰면서, 어떤 것은 깎아서 우상을 만들어 신으로
   섬기며 구원해달라고 기도하는 것은 심히 어리석은 일입니다.

2. 보통 사람들의 삶의 목표는 성공이나 행복입니다. 자신의 삶이 어떻게 되면 성공
   했다거나 행복하다고 말할 수 있을까요? 하나님의 백성들의 삶의 목표는 하나님
   의 영광입니다. 고전 10:31에는 "그런즉 너희가 먹든지 마시든지 무엇을 하든지 다
   하나님의 영광을 위하여 하라"고 했습니다. 지금, 혹은 앞으로 나는 어떻게 하나님
   께 영광을 돌릴 수 있을지 서로 나누어 봅시다.

3. 한 주간 우리 주변에서 볼 수 있는 우상숭배의 행위는 무엇이 있는지 찾아보고, 가
   능하면 사진으로 찍어 와서 다음 주에 서로 나눠봅시다.

4과 하나님은 우리를 창조해주셨어요

(창조주 하나님)

[가다듬기]

하나님은 우리를 창조한 창조주이시기 때문에 세상 누구보다도 우리를 가장 잘 아신다. 그 분이 우리를 돌보아주실 때 우리는 가장 행복한 삶을 살 수 있음을 깨닫고, 하나님을 더욱 의지하고 자 한다.

 마음열기

캐나다 록키산맥의 산중턱에서 한 관광객이 차가 고장이 나서 멈춰 섰습니다. 마침 그 곳을 지나가던 전문 수리기사가 고쳐보려고 했지만, 고치지 못했습니다. 날은 점점 어두워지고 차 주인은 불안해지기 시작했습니다.

그 때 한 노신사가 차를 세우더니 그의 차를 봐주겠다고 했습니다. 차주인은 '전문기사도 고치지 못한 것을 저 노인이 고칠 수 있을까' 생각하며 퉁명스럽게 허락했습니다. 그런데 그 노신사가 몇 군데를 만지자 힘차게 시동이 걸리는 것이었습니다. 깜짝 놀란 차주인에게 그 노신사는 명함 한 장만 남기고 떠났습니다. 그 명함에는 '포드 자동차 주식회사 회장 헨리 포드'라고 쓰여 있었습니다. 그는 바로 그 포드 자동차를 설계하고 만든 헨리 포드였기 때문에, 그 자동차에 대해서는 세계에서 가장 잘 아는 사람이었습니다.

마찬가지로 하나님은 우리를 창조하셨기 때문에, 우리를 가장 잘 아십니다. 그분의 손에 우리 삶을 맡길 때, 우리는 가장 행복한 삶을 살 수 있습니다.

 하나님과 **갓톡**해요!

God! '나의 사용설명서'를 만들어볼까? 이름, 나이, 별명 같은 정보부터 나의 단점과 장점, 장래희망이나 아직 아무에게 알려주지 않았던 비밀 등을 적어봐!

설명 | 나는 나에 대해 얼마나 알고 있을까? 나에 대해 생각하고 정리하는 시간을 가져봅시다. '나의 사용설명서'는 나에 대한 모든 것을 적어보는 것입니다. 단점과 장점, 콤플렉스나 특기 같은 개인적인 정보를 적으며 자신을 되돌아보는 시간을 가져봅시다. 내가 나에 대해 많이 알고 있다고 생각하지만 적다보면 미처 알지 못했던 부분도 발견하게 되고 내가 알지 못하는 부분을 다른 사람을 통해 깨닫게 되기도 합니다. 그러나 하나님께서는 나보다 나를 더 잘 아는 분이십니다. 이것이 우리에게 위로가 되고 감사의 제목이 될 때가 얼마나 많은지 모릅니다.
이 시간, 나에 대해 돌아보며 나보다 나를 더 잘 아시는 하나님의 놀라운 사랑을 깨닫게 되기를 바랍니다.

 # 해시태그 _ 오늘 과에 대한 내 생각을 간단한 단어로 표현 해봐요.

좋아요 개

말씀살피기

아래 말씀을 깊이 묵상하며 답을 해봅시다.

[시편 139:13~18]
[13] 주께서 내 내장을 지으시며 나의 모태에서 나를 만드셨나이다 [14] 내가 주께 감사하옴은 나를 지으심이 심히 기묘하심이라 주께서 하시는 일이 기이함을 내 영혼이 잘 아나이다 [15] 내가 은밀한 데서 지음을 받고 땅의 깊은 곳에서 기이하게 지음을 받은 때에 나의 형체가 주의 앞에 숨겨지지 못하였나이다 [16] 내 형질이 이루어지기 전에 주의 눈이 보셨으며 나를 위하여 정한 날이 하루도 되기 전에 주의 책에 다 기록이 되었나이다 [17] 하나님이여 주의 생각이 내게 어찌 그리 보배로우신지요 그 수가 어찌 그리 많은지요 [18] 내가 세려고 할지라도 그 수가 모래보다 많도소이다 내가 깰 때에도 여전히 주와 함께 있나이다

1. 하나님께서 우리를 위해 하신 일은 무엇입니까? (13,15절)

정답_모태, 즉 어머니 뱃속에서 우리를 지으시고 만드셨습니다(13절). 15절에 나오는 '은밀한 데', '땅의 깊은 곳'은 어머니의 자궁을 상징하는 말입니다. 마치 위대한 조각가가 아무도 보지 않는 작업실에서 위대한 작품을 만들듯이 하나님께서도 우리 어머니의 태중에서 우리를 만드셨습니다.

2. 창조주 하나님의 솜씨는 어떻게 표현되고 있습니까? (14절)

정답_14절 "내가 주를 찬양합니다. 주께서 나를 경이롭게, 멋지게 지으셨습니다. 주의 작품은 정말 놀랍습니다. 내 영혼이 너무나 잘 알고 있습니다."(우리말 성경)

우리를 지으심이 심히 기묘하고 기이합니다. 생명의 신비는 너무나도 놀랍습니다. 인간의 과학이 아무리 발달했어도 이 신비를 다 이해할 수 없고 흉내 낼 수 없습니다. 우리는 창조주의 놀라운 솜씨로 창조된 놀라운 피조물임을 잊지 말아야 합니다.

3. 하나님께서 우리를 향해 계획을 갖고 계심은 무엇으로 비유되어 있습니까? (16절)

정답_ 우리가 어머니의 뱃속에서 다 지어지기도 전에, 하나님께서는 우리 각자를 위한 계획들을 주의 책에 다 기록해 두셨습니다. 마치 건축가가 집을 짓기 전에 먼저 설계도부터 그리는 것처럼, 하나님께서는 우리가 태어나기도 전에 우리의 평생을 위한 마스터플랜을 세워놓으신 것입니다. 나를 지으신 하나님은 나를 누구보다도 더 잘 알고 계시고, 내게 맞는 가장 좋은 계획을 갖고 계십니다.

4. 우리를 향한 '하나님의 계획'의 특징은 무엇입니까? (17,18절)

정답_ 양적으로는 바닷가의 모래알보다 많고, 질적으로는 하나하나가 다 보배롭습니다. 하나님께서는 우리가 알지 못하는 것까지 다 아시고, 우리가 미처 생각하지 못하는 것까지 다 생각하시며, 우리를 위한 크고 놀라운 계획들을 이루어가십니다. 내 계획이 실패할 때에도, 하나님의 계획은 이루어져갑니다. 그분의 손길이 함께 할 때, 우리는 가장 멋지고 행복한 삶을 살 수 있습니다.

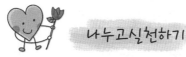

나누고실천하기

1. 다음의 예화를 읽어 보세요. 앞에 [마음열기]에 나온 예화와 비교해 볼 때 어떤 교훈을 얻을 수 있나요?

'자동차의 왕'으로 불리는 헨리 포드는 컨베이어 벨트를 공장에 처음으로 적용하여 생산성을 극도로 높였습니다. 하루는 공장의 컨베이어 벨트를 가동하는 거대한 발전기가 고장이 나서 공장이 멈춰버리고 말았습니다. 회사의 기술자들이 모두 매달렸지만, 아무도 고치지 못했습니다. 다급해진 헨리 포드는 당대 최고의 발전기 발명가이자 기술자인 찰리 스타인메츠에게 연락했습니다. 찰리는 공장에 와서 발전기를 둘러보더니, 여기 저기 망치로 몇 대 때리기만 했습니다. 그랬더니 신기하게도 발전기가 다시 가동되었습니다. 몇 일 뒤 찰리로부터 발전기를 고친 대가로 만 달러를 요구하는 청구서가 날아왔습니다. 헨리 포드는 "아니 겨우 망치로 몇 번 두드리기만 해 놓고 만 달러나 요구하는가?"라고 항의했습니다. 그러자 찰리로부터 다음과 같은 답신이 왔습니다. "망치로 두드린 공임 10달러, 어디를 두드려야 할지 알아낸 기술료 9,990달러" 헨리 포드는 즉시 만 달러를 입금해 주었답니다.

* 헨리 포드는 자동차에 관해서는 잘 알기에 고장을 금방 고칠 수 있었지만, 발전기에 대해서는 아무 것도 모르기에 손을 쓸 수 없었습니다. 발전기는 발전기를 가장 잘 아는 찰리의 손길을 통해 고쳐졌습니다. 우리는 자신이 잘 아는 분야에서는 전문가지만, 잘 모르는 분야에서는 초보자입니다. 하지만 하나님께서는 만물의 창조자이시기 때문에 모든 만물에 대해 모르시는 것이 없습니다. 우리에게 어떤 문제가 생기더라도, 하나님은 다 해결하실 수 있습니다.

2. 지금 각자의 삶에 무엇인가 문제가 생긴 부분은 없는지 나누어 봅시다. 자신이 해결해보려고 애써 보았지만, 잘 해결되지 않고 있는 문제는 무엇인가요?

3. 함께 나눈 각자의 문제들을 놓고 그 문제에 하나님의 손길이 임하기를 사모하며, 자신을 위해서 그리고 함께 있는 친구들을 위해서 기도합시다.

5과 하나님은 우리를 인도해주세요
(전지하신 하나님)

[가다듬기]

우리의 지식에는 한계가 있어서 때로는 불안하기도 하고 미래를 염려하기도 한다. 그러나 하나님께서는 모든 것을 미리 다 알고 계신다. 하나님을 신뢰하며 따를 때 하나님께서 우리를 가장 좋은 길로 인도해주신다는 확신을 갖고자 한다.

 마음열기

세계적인 복음전도자 빌리 그래함 목사님의 전도팀에는 킴 웍스라는 한국출신의 시각장애인이 있었습니다. 6.25 전쟁 중에 부모를 잃고 실명까지 하게 된 그녀는 고아원에서 자라야 했습니다. 그런데 그 곳에서 미군의 도움으로 미국에 가서 인디아나 주립대를 마치고 오스트리아에서 성악을 전공하여 성악가가 되었습니다. 그 후 그녀는 빌리 그래함 전도팀에서 찬양과 간증으로 영광을 돌리는 사역을 감당했습니다. 그녀는 다음과 같이 간증하곤 했습니다.

"시각장애인인 나를 사람들이 인도해줄 때, 100미터 앞에 뭐가 있다고 말하지 않습니다. 다만, 제 발 밑에 무엇이 있는지만 알려줍니다. 나는 나를 인도해주시는 분을 믿고 한 걸음 한 걸음 따라가기만 하면, 목적지에 도착할 수 있습니다. 하나님이 우리를 인도하시는 방법도 이와 같습니다. 나는 10년 후, 20년 후를 알지 못합니다. 그러나 하나님께 순종하며 오늘을 살면 하나님은 내일을 인도해주셔서, 가장 복된 자리에 도달하게 될 것입니다."

하나님과 갓톡해요!

God!

인생에 있어서 가장 힘들었을 때는 언제였니? 그때는 어려움을 어떻게 이겨냈었지? 반대로 가장 기뻤을 때는 언제였는지도 생각해보렴!

설명 | 길다면 길고 짧다면 짧은 인생을 사는 동안 우리 친구들에게도 인생의 고락을 느꼈던 순간이 있었을 것입니다. 힘들었던 때는 다시 생각하기 싫을 수도 있겠지만 그 순간이 있었기에 우리가 지금 더 은혜를 깨닫고 감사하며 살아갈 수 있는 것일지도 모르지요.

인생에 있어 가장 힘들었던 때와 가장 기뻤던 때를 생각해보고 글로 정리해보세요. 그리고 친구들과 함께 나누는 시간을 가져보시길 바랍니다. 그 후에 우리 각자의 삶 가운데에서 힘들 때나 기쁠 때나 언제나 하나님께서 우리와 함께 하셨음을 꼭 이야기해주세요. 힘든 순간에는 하나님께서 우리보다 앞서 행하시며 피할 길을 내주시고, 기쁜 순간에는 우리로 하여금 그 기쁨을 누리게 하셨음을 설명해주시길 바랍니다.

 # 해시태그 _ 오늘 과에 대한 내 생각을 간단한 단어로 표현 해봐요.

♡ ○ ⊿ 　　　　　　　　☐

좋아요　　**개**

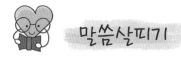
말씀살피기

아래 말씀을 깊이 묵상하며 답을 해봅시다.

[잠언 3:5~8]
5 너는 마음을 다하여 여호와를 신뢰하고 네 명철을 의지하지 말라 6 너는 범사에 그를 인정하라 그리하면 네 길을 지도하시리라 7 스스로 지혜롭게 여기지 말지어다 여호와를 경외하며 악을 떠날지어다 8 이것이 네 몸에 양약이 되어 네 골수를 윤택하게 하리라

1. 우리가 삶의 길을 걸어갈 때, 바람직하지 못한 태도는 무엇입니까? (5b, 7a)

정답_ 하나님보다는 자신의 지능, 지식, 경험 등을 더 의지하며 하나님을 믿을 필요가 없다는 교만한 자세를 말합니다.

2. 우리가 가져야 할 바른 태도는 무엇입니까? (5a, 6a, 7b)

정답_ **5a 마음을 다하여 여호와를 신뢰함** : 신뢰한다는 것은 몸을 의지하여 기댄다는 뜻입니다. 전적으로 믿고 맡기는 자세를 말합니다.

6a 범사에 그를 인정함 : 삶 속에 일어나는 모든 일들에 대하여 하나님의 인도하심을 구하는 것입니다.

7b 여호와를 경외하며 악을 떠남 : 하나님을 두려워할 줄 아는 마음을 가져야 하고, 그러한 마음은 악에서 떠나는 것으로 나타나야 합니다.

3. 우리가 바른 태도를 가지고 살 때, 하나님께서 주시는 축복은 무엇입니까? (6b)

정답_우리의 길을 지도해주십니다. 자동차의 네비게이션을 보면 우리는 길을 잘 알지 못해도 네비게이션 안에는 목적지까지 가야할 모든 길들이 이미 다 입력이 되어 있습니다. 우리는 네비게이션이 가라고 하는 대로 가면 됩니다. 하나님은 우리 인생의 네비게이터가 되십니다. 우리는 하나님께서 보여주시는 만큼 잘 순종하며 따라가면 축복의 자리에까지 나아갈 수 있습니다.

4. 하나님의 인도하심 아래 우리는 어떤 삶을 살 수 있습니까? (8절)

정답_몸에 양약이 되어 골수가 윤택해짐.

좋은 약을 먹으면 병이 치료되고 몸이 건강하게 회복됩니다. 마찬가지로, 하나님을 신뢰하고 그 말씀에 순종하며 하나님의 인도하심을 받는 삶을 살면 우리는 가장 풍성하고 행복한 삶을 살 수 있습니다.

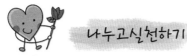

나누고실천하기

1. 지금까지 자기 삶 속에서 가장 막막했던 순간이 있었다면 언제인지, 그런 상황에 서 어떻게 벗어났는지 나누어 봅시다.

2. 다음 말씀들을 읽으면서 하나님께서 우리를 어떤 길로 인도해주시는지 생각해 봅 시다.

> 시 23:3 | 내 영혼을 소생시키시고 자기 이름을 위하여 '의의 길'로 인도하시는도다
> 시 27:11 | 여호와여 주의 도를 내게 가르치시고 내 원수를 생각하셔서 '평탄한 길'로 나를 인 도하소서
> 시 139:24 | 내게 무슨 악한 행위가 있나 보시고 나를 '영원한 길'로 인도하소서
> 사 42:16 | 내가 맹인들을 그들이 알지 못하는 길로 이끌며 그들이 '알지 못하는 지름길'로 인 도하며 암흑이 그 앞에서 광명이 되게 하며 굽은 데를 곧게 할 것이라 내가 이 일을 행하여 그 들을 버리지 아니하리니
> 사 48:15 | 나 곧 내가 말하였고 또 내가 그를 부르며 그를 인도하였나니 '그 길이 형통'하리라
> 눅 1:79 | 어둠과 죽음의 그늘에 앉은 자에게 비치고 우리 발을 '평강의 길'로 인도하시리로다 하니라

3. 3중의 장애(시각장애, 청각장애, 언어장애)를 극복하고 세계적인 교육가가 되었던 헬렌 켈러가 한 다음의 말을 읽어보고, 우리가 어떤 교훈을 얻을 수 있는지 나누 어 봅시다.

"하나님의 손에 이끌린 맹인이 하나님 믿지 않는 눈 뜬 사람보다 더 나은 길을 갑니다."

눈을 멀쩡하게 뜨고 있어도 인간은 미래를 알 수 없기에 엉뚱한 죄악의 길, 멸망의 길 로 갈 수 있습니다. 그러나 비록 맹인이라도 하나님의 손길에 이끌리면 바른 길, 축복 의 길로 인도받을 수 있습니다.

4. 한 주간 동안 자신의 진로에 대해 좀 더 고민해보고 예상되는 어려움과 하나님 의 인도하심이 필요한 부분은 무엇이 있는지 생각해봅시다. 그리고 다음 주에 함 께 나누며 기도해 봅시다.

6과 하나님은 우리를 도와주세요
(전능하신 하나님)

[가다듬기]

우리의 능력에는 한계가 있어서 자기 힘만으로는 해결할 수 없는 문제를 만날 때, 낙심하고 좌절하기도 한다. 그러나 하나님을 신뢰하며 따르면 전능하신 하나님께서 우리를 도와주실 것이므로 아무 것도 두려워할 것이 없다는 확신을 갖고자 한다.

마음열기

1990년 11월 16일. 61쌍의 신혼부부를 포함한 165명의 탑승객을 태우고 사이판으로 날아온 대한항공 725편 비행기는 착륙을 위해 바퀴를 내리는 유압장치가 고장이 나버렸습니다. 수동으로 바퀴를 내려 보려 했지만 그것마저도 되지 않아, 결국 비행기는 대참사를 앞에 두게 되었습니다.

기내방송을 할 때마다 하나님을 소개하고 전도해서 '할렐루야 캡틴'으로 불리던 신일덕 기장은 하나님께 간절히 기도했습니다. 그는 베트남 전쟁에 참전했을 때 그가 몰던 비행기가 총에 맞아 불이 붙은 가운데서도 무사히 착륙할 수 있었던 것을 기억했습니다. 그리고 그 때 주셨던 하나님의 말씀을 다시 붙들었습니다.

"참으로 너를 도와주리라 참으로 나의 의로운 오른손으로 너를 붙들리라"

기도를 마친 그는 부기장에게 다시 한 번 수동으로 바퀴를 내려보라고 했고, 추락 직전에 기적처럼 바퀴가 내려와 무사히 착륙할 수 있었습니다. 놀라운 기적을 체험한 기장님은 가는 곳마다 하나님의 도우심을 간증했습니다.

하나님과 갓톡해요!

God!

네가 가장 어려워하고 자신없는 것 한 가지만 이야기해줄래? (수업과목일 수도 있고 운동일 수도 있을 거야.)

설명 | 누구에게나 자신이 없고 좀처럼 하기 어려운 약한 부분이 있을 것입니다. 그것은 수학, 국어 같은 과목의 하나일 수도 있고 달리기, 축구, 배구 같은 운동종목일 수도 있지요.
아무리 노력해도 좀처럼 할 수 없는 것들은 우리에게 콤플렉스가 되기도 합니다. 그러나 우리의 콤플렉스도 하나님 앞에서는 하나님의 능력을 나타내는 도구가 될 수 있습니다. 우리의 약함이 하나님을 나타내는 능력이 되는 것이지요. 아이들과 함께 나누며 하나님께서는 우리의 연약함을 통해 일하신다는 사실을 알려주시길 바랍니다.

해시태그 _ 오늘 과에 대한 내 생각을 간단한 단어로 표현해봐요.

좋아요   개

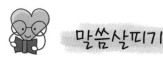

말씀살피기

아래 말씀을 깊이 묵상하며 답을 해봅시다.

[이사야 41:10~16]

¹⁰ 두려워하지 말라 내가 너와 함께 함이라 놀라지 말라 나는 네 하나님이 됨이라 내가 너를 굳세게 하리라 참으로 너를 도와 주리라 참으로 나의 의로운 오른손으로 너를 붙들리라 ¹¹ 보라 네게 노하던 자들이 수치와 욕을 당할 것이요 너와 다투는 자들이 아무것도 아닌 것 같이 될 것이며 멸망할 것이라 ¹² 네가 찾아도 너와 싸우던 자들을 만나지 못할 것이요 너를 치는 자들은 아무것도 아닌 것 같고 허무한 것 같이 되리니 ¹³ 이는 나 여호와 너의 하나님이 네 오른손을 붙들고 네게 이르기를 두려워하지 말라 내가 너를 도우리라 할 것임이니라 ¹⁴ 버러지 같은 너 야곱아, 너희 이스라엘 사람들아 두려워하지 말라 나 여호와가 말하노니 내가 너를 도울 것이라 네 구속자는 이스라엘의 거룩한 이이니라 ¹⁵ 보라 내가 너를 이가 날카로운 새 타작기로 삼으리니 네가 산들을 쳐서 부스러기를 만들 것이며 작은 산들을 겨 같이 만들 것이라 ¹⁶ 네가 그들을 까부른즉 바람이 그들을 날리겠고 회오리바람이 그들을 흩어 버릴 것이로되 너는 여호와로 말미암아 즐거워하겠고 이스라엘의 거룩한 이로 말미암아 자랑하리라

1. 우리를 도와주시겠다는 하나님의 약속은 어떻게 강조되고 있나요? (10b)

정답_하나님께서는 신실하셔서 한번 말씀하신 것은 반드시 지키시기 때문에 같은 약속을 반복할 필요도 없고 맹세할 필요도 없습니다. 그런데도 "참으로 도와 주리라… 참으로 붙들리라"며 반복하고 맹세하고 계십니다. 그것은 그만큼 반드시 이 약속을 지키실 것을 강조하기 위해서입니다. 하나님께서는 의로운 오른손으로 반드시 우리를 도와주십니다.

성경에서 '오른손'은 권세와 능력, 영광, 축복, 정의 등을 상징합니다. 하나님께서는 오른손을 들어 우리를 도와주십니다.

2. 하나님께서 도와주시면 우리에게 있는 문제들은 어떻게 됩니까? (11-12절)

정답_지금은 우리 앞에 태산같은 문제가 있을지라도, 하나님께서 도와주시면 '아무 것도 아닌 것 같이' 될 것입니다. 찾아도 찾을 수 없을 정도로 '허무한 것 같이' 될 것입니다. 지나고 나면 '이렇게 쉽게 해결될 줄 알았으면, 괜히 두려워하고 걱정했네' 할 만큼, 쉽게 해결해 주십니다.

3. 큰 어려움 앞에 우리는 어떤 존재로 묘사되고 있나요? (14a)

정답_버러지 즉, 지렁이 같이 약한 존재입니다. 지렁이는 가장 약한 존재의 상징입니다. 또한 가장 처참하고 절망적인 상황에 놓였음을 상징합니다.

4. 하나님께서 도와주시면 우리는 어떤 존재가 됩니까? (15-16절)

정답_큰 산과 같은 문제들을 쳐서 부스러기와 겨처럼 만들어 버리는, 강한 존재가 됩니다. 하나님께서는 우리에게 있는 문제를 약하게 만드시기도 하지만, 우리를 강하게 만드셔서 모든 문제를 너끈히 감당할 수 있게도 하십니다. 하나님께서는 우리 어깨의 짐을 덜어주시기도 하지만, 어떤 짐도 능히 질 수 있도록 우리의 어깨를 강하게 하시기도 합니다.

5. 하나님의 도우심을 믿고 우리는 어떤 자세로 살아가야 할까요? (10a)

정답_하나님께서 나의 하나님이 되어주시고 하나님이 나와 함께 해주심을 믿고, 어떤 어려움을 만나도 두려워하거나 놀라지 않아야 합니다.

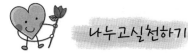

나누고실천하기

1. 지금까지 자신에게 큰 도움이 되었던 다른 사람의 격려나 용기를 주는 말에는 무엇이 있는지요? 오늘 본문을 통해 주신 하나님의 말씀에는 어떤 느낌이 드나요?

2. 지금 각자의 삶 속에 가지고 있는 가장 큰 두려움은 무엇인가요? 두려움에 대한 다음의 글들을 읽어 보고 마음에 와 닿는 부분이 있다면 나누어 봅시다.

* 멀리서 보면 분명히 있었는데 막상 가까이 가보면 없는 것이 두 가지가 있다면, 신기루와 두려움입니다. (무명성도)
* 두려움은 사람의 에너지를 차츰 소모시키고 그가 가진 자원을 고갈시킵니다. (에머슨)
* 우리가 진정으로 두려워해야 할 것은 두려움 그 자체입니다. (에픽테토스)
* 두려움이 문을 두드립니다. 믿음이 대답하며 담대하게 문을 활짝 열었습니다. 문밖에는 아무것도 없었습니다. (무명성도)

3. 어려움을 지나치게 과장하며 지금까지 자꾸 피하려고만 했던 문제는 무엇입니까? 하나님의 도우심을 의지하며 과감하게 도전해 볼 일은 무엇이 있을까요? 서로 나누며 기도해봅시다.

7과 하나님을 닮게 되어요

(거룩한 삶)

[가다듬기]

하나님의 자녀는 하나님을 닮게 되어 있다. 하나님을 잘 믿으면 하나님을 닮아가게 된다. 하나님은 거룩하신 분이시기 때문에 그를 믿는 백성들은 거룩해져 가야한다. 하나님의 자녀들은 변화된 거룩한 삶을 살아야 한다는 것과 그렇게 살 수 있도록 하나님께서 도와주심을 확신하고자 한다.

마음열기

영국 런던의 프린스 휴거스 목사님은 많은 사람들에게 선한 영향력을 끼쳤습니다. 한편 그곳에는 챨스 브레드레프라는 유명한 무신론자도 있었는데, 그가 목사님께 하나님의 존재에 대해 공개토론을 제안했습니다.

목사님은 무신론자의 제안을 수용하면서, "나는 하나님을 믿어 변화된 사람들을 증인으로 데려올 테니, 당신은 무신론을 믿어 변화된 사람들을 데리고 오시오"라고 역으로 제안했습니다.

드디어 토론 날이 되었고, 목사님은 수많은 증인들을 데리고 나왔습니다. 그들을 통해 하나님을 만나 변화된 삶에 대한 간증이 끊임없이 이어졌습니다. "나는 하나님을 만나서 자살을 피할 수 있었습니다." "나는 가정이 회복되어 이혼을 면할 수 있었어요." "나는 오랫동안 앓아왔던 병을 치유 받았습니다.", "나는 어디서도 얻지 못했던 마음의 평안을 얻었어요.", "나는 죄에서 떠나 거룩한 삶을 살게 되었습니다."... 그러나 무신론자는 무신론을 통해 삶이 변화된 증인을 단 한 사람도 데리고 나오지 못했습니다.

하나님은 살아계시고 역사하셔서, 그를 믿는 백성들의 삶을 변화시키는 선한 일을 계속하고 계십니다.

하나님과 갓톡해요!

God! 네가 알고 있는 나의 성품에 대해 적어보렴. 그리고 그 중에서 가장 닮고 싶은 것을 하나 골라봐!

설명 | 우리 친구들이 하나님에 대해 얼마나 알고 있는지 먼저 알아봅시다. 하나님은 거룩하고 인자하며 공의로우십니다. 그리고 사랑이 많으시며 또한 성실한 분이십니다. 이 외에도 성경에는 하나님이 어떤 분이신지에 대해 잘 나와있지요. 그리고 우리 친구들이 나열한 하나님의 성품을 정리해보고 그 중에서 자신이 가장 닮고 싶은 것을 하나만 골라보도록 하고 그 이유를 함께 나눠보도록 합시다. 우리의 힘으로는 우리가 변화될 수 없지만 하나님을 의지함으로 기도하면 하나님께서 우리를 하나님을 닮은 자녀로 변화시켜 주십니다. 이것을 친구들과 함께 나누며 기도하는 시간을 가져보세요.

 # 해시테그 _ 오늘 과에 대한 내 생각을 간단한 단어로 표현해봐요.

좋아요   개

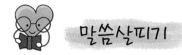

말씀살피기

아래 말씀을 깊이 묵상하며 답을 해봅시다.

[베드로전서 1:13~7]

¹³ 그러므로 너희 마음의 허리를 동이고 근신하여 예수 그리스도께서 나타나실 때에 너희에게 가져다 주실 은혜를 온전히 바랄지어다 ¹⁴ 너희가 순종하는 자식처럼 전에 알지 못할 때에 따르던 너희 사욕을 본받지 말고 ¹⁵ 오직 너희를 부르신 거룩한 이처럼 너희도 모든 행실에 거룩한 자가 되라 ¹⁶ 기록되었으되 내가 거룩하니 너희도 거룩할지어다 하셨느니라 ¹⁷ 외모로 보시지 않고 각 사람의 행위대로 심판하시는 이를 너희가 아버지라 부른즉 너희가 나그네로 있을 때를 두려움으로 지내라

1. 하나님을 알기 전에는 어떻게 살았습니까? (14b)

정답_ 하나님을 알기 전에는 각자가 가진 죄악 된 욕망대로 살았습니다.

2. 이제 하나님을 알게 된 우리는 어떻게 살아야 합니까? (14a, 15~16절)

정답_

14a 하나님은 우리를 구원하여 자녀로 삼아주셨습니다. 이제 우리는 순종하는 자식처럼 살아야 합니다.

15-16 우리를 불러 자녀 삼아주신 하나님께서 거룩하시니, 우리도 그분을 닮아 거룩한 사람이 되어야 합니다. '거룩'이란 죄로부터 분리된 순결의 상태를 의미합니다. 하나님께서는 절대적으로 거룩하십니다. 우리는 하나님만큼 거룩할 수는 없겠지만, 하나님처럼 거룩해지려고 애쓰는 자들이 되어야 합니다. 자녀는 부모를 닮게 되어 있습니다. 아버지 하나님께서 거룩하시니, 자녀 된 우리도 거룩해야 합니다.

3. 우리가 거룩한 삶을 살아야 하는 이유는 무엇입니까? (17절)

정답_하나님은 각 사람의 행위대로 심판하시기 때문입니다. 하나님은 사람을 외모로 보지 않고 행위대로 심판하십니다.

4. 거룩한 삶을 살 수 있는 힘은 어떻게 공급됩니까? (13절)

정답_우리는 늘 은혜를 바라며 사모해야 합니다. 거룩한 삶은 우리의 힘만으로 되는 것이 아니라 하나님께서 주시는 은혜로 되어집니다. 은혜를 온전히 바라며 사모해야 합니다. 하나님의 은혜는 우리가 비록 완전하지는 못하지만 거룩한 모습으로 살 수 있도록 합니다. 또한 예수님께서 다시 오실 때, 우리는 하나님의 은혜 가운데 완전히 거룩한 존재가 될 것입니다. 우리는 늘 하나님의 은혜를 사모해야 합니다.

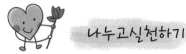

나누고실천하기

1. 자신의 외모나 성격 혹은 습관 등에서 부모님과 가장 닮은 점은 무엇인가요?

2. 우리가 빠지기 쉬운 잘못된 욕망은 무엇이 있을까요? 다음의 참고 구절들을 참고
   하여 나눠봅시다.

   마 15:19-20
   19 마음에서 나오는 것은 악한 생각과 살인과 간음과 음란과 도둑질과 거짓 증언과 비방이니
   20 이런 것들이 사람을 더럽게 하는 것이요 씻지 않은 손으로 먹는 것은 사람을 더럽게 하지못하느니라

   딤후 3:1-5
   1   너는 이것을 알라 말세에 고통하는 때가 이르러
   2   사람들이 자기를 사랑하며 돈을 사랑하며 자랑하며 교만하며 비방하며 부모를 거역하며 감사하지 아
       니하며 거룩하지 아니하며
   3   무정하며 원통함을 풀지 아니하며 모함하며 절제하지 못하며 사나우며 선한 것을 좋아하지 아니하며
   4   배신하며 조급하며 자만하며 쾌락을 사랑하기를 하나님 사랑하는 것보다 더하며
   5   경건의 모양은 있으나 경건의 능력은 부인하니 이같은 자들에게서 네가 돌아서라

3. 베드로 사도는 하나님의 자녀가 된 우리에게 '신성한 성품'에 참여하라고 권면합
   니다. 우리가 날마다 더욱 힘써서 갖추어 가야할 하나님 닮은 성품은 무엇입니까?

   벧후 1:4-9
   4   이로써 그 보배롭고 지극히 큰 약속을 우리에게 주사 이 약속으로 말미암아 너희가 정욕 때문에 세상
       에서 썩어질 것을 피하여 신성한 성품에 참여하는 자가 되게 하려 하셨느니라
   5   그러므로 너희가 더욱 힘써 너희 믿음에 덕을, 덕에 지식을,
   6   지식에 절제를, 절제에 인내를, 인내에 경건을,
   7   경건에 형제 우애를, 형제 우애에 사랑을 더하라
   8   이런 것이 너희에게 있어 흡족한즉 너희로 우리 주 예수 그리스도를 알기에 게으르지 않 고 열매 없는
       자가 되지 않게 하려니와
   9   이런 것이 없는 자는 맹인이라 멀리 보지 못하고 그의 옛 죄가 깨끗하게 된 것을 잊었느니라

4. 각자의 삶 속에 가지고 있는 좋지 못한 성품, 말투, 행동, 습관 등은 무엇이 있을까
   요? 혹시 이러한 것들을 고쳐본 경험이 있다면 나누어 봅시다. 한 주간 동안 하나
   님의 도우심을 구하며, 새롭게 변화되어야 할 부분은 무엇일까요?

8과 하나님의 축복의 통로가 되어요
(복 있는 삶)

[가다듬기]

하나님을 잘 믿으면 영적으로, 윤리적으로 복을 받아 거룩한 사람이 될 뿐 아니라, 육신적으로 그리고 물질적으로도 많은 축복을 받는 삶을 살 수 있다. 또한 자신만 복을 받는 것이 아니라, 주변의 모든 사람에게 복을 전달해주는 축복의 통로가 될 수 있음을 깨닫고자 한다.

 마음열기

복(福)이란 국어사전에서 '생활에서 누리게 되는 큰 행운과 오붓한 행복'이라고 풀이되어 있습니다. 우리 민족은 옛날부터 세계에서 가장 복 받기를 좋아하는 민족이었습니다. 이름에도 복자를 넣어서 복돌이, 복순이라고 지었습니다. 밥그릇, 국그릇, 숟가락, 젓가락, 저고리, 이불, 요, 베게, 대문, 기둥 등... 어느 곳에든 복(福)자를 새겨 넣고 복 받기를 소원했습니다. 그러나 이렇게 복을 받기를 소원했지만, 복을 받지 못하고 오히려 가난하고 어렵게 살아왔습니다.

그것은 복의 근원이신 하나님을 잘 알지 못했기 때문입니다. 우리 민족이 본격적으로 복을 받은 것은 기독교가 들어와 복의 근원이신 하나님을 잘 믿기 시작하면서부터입니다. 이제 우리나라는 원조 받는 나라에서 원조하는 나라로 바뀌었고, 전세계에 복음을 전하는 선교대국이 되었습니다. 하나님은 우리에게 복을 주실 뿐 아니라, 우리를 복의 통로로 삼아서 많은 사람들을 복되게 하는 일을 하십니다.

하나님과 갓톡해요!

God! 너는 무엇을 '복'이라고 생각하니?

설명 | 우리는 복을 무엇이라고 생각할까요? 세상에서 성공하는 것? 주변에 좋은 사람들이 많이 있는 것? 돈을 많이 버는 것? 건강하게 오래 사는 것?

아이들이 생각하는 '복'에 대한 기준은 모두 다를 것입니다. 아이들의 다양한 생각을 함께 나눠보세요. 그리고 아이들이 나누는 이야기에 옳고 그름의 기준이 적용되지 않도록 주의해서 나눔을 인도해주길 바랍니다.

그런데 우리가 생각하는 '복'에 대한 기준은 다양하지만 그 무엇보다 우리에게 복이 되는 것은 하나님을 아는 것, 주님과 함께하는 것입니다. 세상의 부귀영화를 누린다고 해도 세상의 모든 것은 헛되고 사라지는 것이며 하나님을 알고 그분과 함께한다면 우리는 영원한 행복을 누릴 수 있기 때문입니다.

시편 73편 28절에서는 이렇게 말합니다. "하나님께 가까이 함이 내게 복이라 내가 주 여호와를 나의 피난처로 삼아 주의 모든 행적을 전파하리이다"

해시태그 _ 오늘 과에 대한 내 생각을 간단한 단어로 표현해봐요

좋아요   개

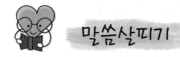

 말씀살피기

아래 말씀을 깊이 묵상하며 답을 해봅시다.

[창세기 12:1~9]
¹여호와께서 아브람에게 이르시되 너는 너의 고향과 친척과 아버지의 집을 떠나 내가 네게 보여 줄 땅으로 가라 ²내가 너로 큰 민족을 이루고 네게 복을 주어 네 이름을 창대하게 하리니 너는 복이 될지라 ³너를 축복하는 자에게는 내가 복을 내리고 너를 저주하는 자에게는 내가 저주하리니 땅의 모든 족속이 너로 말미암아 복을 얻을 것이라 하신지라 ⁴이에 아브람이 여호와의 말씀을 따라갔고 롯도 그와 함께 갔으며 아브람이 하란을 떠날 때에 칠십오 세였더라 ⁵아브람이 그의 아내 사래와 조카 롯과 하란에서 모은 모든 소유와 얻은 사람들을 이끌고 가나안 땅으로 가려고 떠나서 마침내 가나안 땅에 들어갔더라 ⁶아브람이 그 땅을 지나 세겜 땅 모레 상수리나무에 이르니 그 때에 가나안 사람이 그 땅에 거주하였더라 ⁷여호와께서 아브람에게 나타나 이르시되 내가 이 땅을 네 자손에게 주리라 하신지라 자기에게 나타나신 여호와께 그가 그 곳에서 제단을 쌓고 ⁸거기서 벧엘 동쪽 산으로 옮겨 장막을 치니 서쪽은 벧엘이요 동쪽은 아이라 그가 그 곳에서 여호와께 제단을 쌓고 여호와의 이름을 부르더니 ⁹점점 남방으로 옮겨갔더라

1. 하나님께서 믿음의 조상 아브라함에게 주신 명령은 무엇입니까? (1절)

[수 24:2-3 참고]
2 여호수아가 모든 백성에게 이르되 이스라엘의 하나님 여호와께서 이같이 말씀하시기를 옛적에 너희의 조상들 곧 아브라함의 아버지, 나홀의 아버지 데라가 강 저쪽에 거주하여 다른 신들을 섬겼으나
3 내가 너희의 조상 아브라함을 강 저쪽에서 이끌어 내어 가나안 온 땅에 두루 행하게 하고 그의 씨를 번성하게 하려고 그에게 이삭을 주었으며

정답_우상을 섬기던 메소포타미아의 갈대아 우르 지방의 고향, 친척, 아버지의 집에서 그를 불러내어 유프테스 강을 건너 가나안 땅에서 하나님만을 섬기게 하셨습니다.

2. 하나님께서 아브라함에게 주신 약속은 무엇입니까? (2-3절)

정답_아브라함에게 많은 후손을 허락하셔서서 큰 민족을 이루게 하겠다고 하셨습니다. 또한 아브라함을 축복하는 자는 하나님께서 축복하시고 아브라함을 저주하는 자는 하나님께서 저주하신다고 하셨습니다. 이는 하나님께서 아브라함의 보호자가 되어 주시겠다는 약속입니다. 마지막으로, 땅의 모든 족속이 아브라함으로 말미암아 복을 얻을 것이라고 하셨습니다.

3. 아브라함을 통해 땅의 모든 족속이 복을 받게 된다는 약속은 어떻게 이루어집니까?

[갈 3:16 참고]
이 약속들은 아브라함과 그 자손에게 말씀하신 것인데 여럿을 가리켜 그 자손들이라 하지 아니하시고 오직 한 사람을 가리켜 네 자손이라 하셨으니 곧 그리스도라

정답_하나님께서는 아브라함의 후손으로 예수님이 이 땅에 오게 하셨고, 예수님을 통해 땅의 모든 족속이 구원을 얻을 수 있는 길이 열리게 하셨습니다.

4. 아브라함이 가나안 땅에 도착해서 한 일은 무엇입니까? (7-8절)

정답_7절 세겜에서 제단을 쌓음, 8절 벧엘과 아이 사이에서 제단을 쌓고 여호와의 이름을 부름

아브라함은 하나님께서 주신 약속의 말씀을 믿고 순종하여 가나안 땅에 들어왔고, 도착하는 곳마다 제단을 쌓고 예배를 드리며 그의 믿음을 고백했습니다.

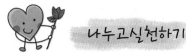

나누고실천하기

1. 지금까지 다른 사람을 위해서 한 일 중에 가장 기억에 남고 보람이 되는 일은 무엇이 있습니까?

2. 다음 글을 읽고 나눔의 중요성에 대해 어떤 교훈을 얻을 수 있는지 이야기해봅시다.

"이스라엘의 사해바다는 세상에서 가장 염분이 높아서 어떤 생명체도 살 수 없는 죽음의 바다입니다. 그곳은 얼마나 염분이 높은지 수영을 못하는 사람도 들어가 누워만 있어도 둥둥 뜰 정도입니다. 상류로부터 많은 양의 물이 흘러들어오고 하류에는 흘러나가는 곳도 없으니 물이 차고 넘칠 것 같은데 왜 이렇게 염분이 높은 죽음의 바다가 되었을까요? 그곳은 너무나 덥고 건조해서 물이 들어오는 양보다 증발해버리는 양이 훨씬 더 많아 물의 농도가 그렇게 높은 것입니다. 우리의 삶도 축복을 받기만 하고 내주지 않으면 좋을 것 같아도, 그렇게 하면 축복이 어디로 가는지 모르게 다 증발되어버리고 우리의 삶은 사해바다처럼 되고 말 것입니다."

3. 하나님께서는 우리가 축복의 통로가 되기를 원하십니다. 우리만 하나님의 축복을 받고 끝나는 것이 아니라, 그 축복이 우리를 통해 다른 많은 사람들에게 전달되기를 원하십니다. 한 주간 동안 작지만 다른 사람에게 나눌 수 있는 것은 무엇이 있을까요? 하나님의 사랑을 전하고 교회로 인도해야 할 사람은 누가 있을까요?

9과 하나님께서 귀하게 써주세요
(의미있는 삶)

[가다듬기]

하나님을 잘 믿고 하나님의 말씀대로 살아가면 하나님께서 그를 높이 들어 귀히 써주신다.
우리가 의미 있는 삶을 살기 위해서는 하나님을 잘 믿어야 함을 깨닫고자 한다.

 마음열기

 미국의 러쉬모어 산에는 미국 역사상 가장 위대했던 대통령 4명의 얼굴이 새겨져 있습니다. 그들은 하나같이 하나님을 잘 믿고 성경 말씀을 따라서 살았던 사람들입니다.
하나님께서는 그들을 귀히 써주시고, 지금까지도 존경받는 사람들이 되게 하셨습니다. 그들은 평소에 하나님의 말씀에 관하여 어떤 이야기를 하며 살았을까요?

* 워싱턴(1대) : "하나님과 성경을 모르고 바른 정치를 하는 것은 불가능하다"
* 제퍼슨(3대) : "하나님의 말씀인 성경은 인간에게 주신 가장 유익한 도덕률이며 이 나라는 성경의 기초위에 서 있다"
* 링컨(16대) : "성경은 하나님께서 인간에게 주신 최고의 선물이다"
* 루즈벨트(26대) : "자기 인생을 참되게 살고자 하는 사람은 성경을 주의 깊게 연구하라 하나님의 말씀대로 살아가는 자는 지혜로운 삶을 살았고 많은 사람들의 존경을 받았다"

하나님과 갓톡해요!

God!

네게는 꿈이 있니? 그 꿈을 이루고 싶은 이유는 무엇이니?

설명 | 우리 친구들에게는 각자 꿈이 있을 것입니다. 그리고 혹여 아직 꿈이 없는 친구라도 꿈을 꿀 수 있는 기회는 아주 많지요. 그 꿈은 뚜렷한 목표가 될 수도 있고 아직 명확하지는 않지만 추상적인 꿈일 수도 있습니다. 아이들의 꿈은 무엇인지 귀 기울여 잘 들어주세요. 그리고 그 꿈을 이루고 싶은 이유는 무엇인지에 대해서도 들으면서 아이들의 꿈의 목적이 무엇인지 들어보시길 바랍니다.

꿈이 있다는 것은 발전적이고 긍정적인 모습입니다. 그런데 그 꿈의 목적이 하나님 앞에 있을 때 어떤 어려움이 와도 흔들리지 않을 수 있습니다.

우리 삶의 방향이 하나님 앞에 있을 때 어떤 어려움에도 포기하지 않을 수 있다는 것과, 하나님께서 그러한 삶을 귀하게 쓰심을 이야기해주세요.

해시태그 _ 오늘 과에 대한 내 생각을 간단한 단어로 표현해봐요.

♡ ○ ◁ 🔖

좋아요   개

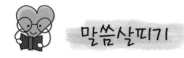
말씀살피기

아래 말씀을 깊이 묵상하며 답을 해봅시다.

[여호수아 1:1~9]

¹여호와의 종 모세가 죽은 후에 여호와께서 모세의 수종자 눈의 아들 여호수아에게 말씀하여 이르시되 ²내 종 모세가 죽었으니 이제 너는 이 모든 백성과 더불어 일어나 이 요단을 건너 내가 그들 곧 이스라엘 자손에게 주는 그 땅으로 가라 ³내가 모세에게 말한 바와 같이 너희 발바닥으로 밟는 곳은 모두 내가 너희에게 주었노니 ⁴곧 광야와 이 레바논에서부터 큰 강 곧 유브라데 강까지 헷 족속의 온 땅과 또 해 지는 쪽 대해까지 너희의 영토가 되리라 ⁵네 평생에 너를 능히 대적할 자가 없으리니 내가 모세와 함께 있었던 것 같이 너와 함께 있을 것임이라 내가 너를 떠나지 아니하며 버리지 아니하리니 ⁶강하고 담대하라 너는 내가 그들의 조상에게 맹세하여 그들에게 주리라 한 땅을 이 백성에게 차지하게 하리라 ⁷오직 강하고 극히 담대하여 나의 종 모세가 네게 명령한 그 율법을 다 지켜 행하고 우로나 좌로나 치우치지 말라 그리하면 어디로 가든지 형통하리니 ⁸이 율법책을 네 입에서 떠나지 말게 하며 주야로 그것을 묵상하여 그 안에 기록된 대로 다 지켜 행하라 그리하면 네 길이 평탄하게 될 것이며 네가 형통하리라 ⁹내가 네게 명령한 것이 아니냐 강하고 담대하라 두려워하지 말며 놀라지 말라 네가 어디로 가든지 네 하나님 여호와가 너와 함께 하느니라 하시니라

1. 하나님께서 모세의 뒤를 이어 가나안 정복의 큰 일을 감당해야 하는 여호수아에게 주신 명령은 무엇입니까? (6a,7a,9a)

정답_6a 강하고 담대하라

7a 오직 강하고 극히 담대하여

9a 내가 네게 명령한 것이 아니냐 강하고 담대하라 두려워하지 말며 놀라지 말라

우리는 흔히 이스라엘 백성을 이끌고 가나안 땅을 정복한 여호수아를 강하고 담대한 사람으로만 기억합니다. 그러나 여호수아는 처음부터 강하고 담대한 사람은 아니었습니다. 하나님께서 "강하고 담대하라"고 세 번이나 반복해서 말씀하실 만큼 약하고 두려워하는 사람이었습니다.

2. 강하고 담대한 마음을 가질 수 있는 이유는 무엇입니까? (5b,9b)

정답_5b 내가 모세와 함께 있었던 것 같이 '너와 함께 있을 것임이니라'
9b 내가 네게 명령한 것이 아니냐 강하고 담대하라 두려워하지 말며 놀라지 말라 네가
어디로 가든지 '네 하나님 여호와가 너와 함께 하느니라' 하시니라
강하고 담대한 마음을 가질 수 있는 것은 "강해야지, 담대해야지"라고 마인드 컨트롤
을 한다고 되는 것이 아닙니다. 하나님께서 함께하신다는 믿음이 있을 때, 우리는 강하
고 담대할 수 있습니다.

3. 어떻게 하면 하나님이 함께 하실까요? (7b, 8a)

정답_7b 그 율법을 '다 지켜 행하고' 우로나 좌로나 치우치지 말라
8a 이 율법책을 네 입에서 떠나지 말게 하며 주야로 그것을 묵상하여 그 안에 기록된
대로 '다 지켜 행하라'
하나님의 말씀에 최선을 다해 순종하며 살아갈 때, 하나님께서 함께 해주시고 우리를
도와주십니다.

4. 하나님의 말씀대로 살 때 어떤 삶을 살 수 있습니까? (3, 5a, 7c, 8c)

정답_3a 너희 발바닥으로 밟는 곳은 모두 내가 너희에게 주었노니 : 축복의 삶
5a 네 평생에 너를 능히 대적할 자가 없으리니 : 승리의 삶
7c 그리하면 어디로 가든지 형통하리니 : 형통의 삶
8c 네 길이 평탄하게 될 것이며 네가 형통하리라 : 평탄의 삶

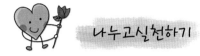

나누고실천하기

1. 자신의 미래의 모습은 어떠할까요? 우리는 어떤 사람이 되어 있을까요? 자신의 모습을 상상해서 이야기해보고, 친구들의 모습도 생각나는 대로 서로 이야기해봅시다.

2. 우리가 하나님을 잘 섬기면, 하나님께서도 우리를 존귀한 자로 세워주십니다. 다음 말씀을 읽고 하나님께 대하여 어떤 태도를 가져야할지 나누어봅시다.

   [삼상 2:30]
   그러므로 이스라엘의 하나님 나 여호와가 말하노라 내가 전에 네 집과 네 조상의 집이 내 앞에 영원히 행하리라 하였으나 이제 나 여호와가 말하노니 결단코 그렇게 하지 아니하리라 '나를 존중히 여기는 자를 내가 존중히 여기고' 나를 멸시하는 자를 내가 경멸하리라

   [잠 4:7-9]
   7 지혜가 제일이니 지혜를 얻으라 네가 얻은 모든 것을 가지고 명철을 얻을지니라
   8 '그를 높이라 그리하면 그가 너를 높이 들리라' 만일 그를 품으면 그가 너를 영화롭게 하리라
   9 그가 아름다운 관을 네 머리에 두겠고 영화로운 면류관을 네게 주리라 하셨느니라

3. 한 주간 동안, 장차 자신이 되고 싶은 이상적인 모델이 될 만한 사람은 누가 있겠는지 찾아봅시다. 그들의 어떤 점이 특히 본받고 싶은지 생각해보고 다음 주에 나누어 봅시다.

10과 예배를 드리세요
(예배자를 찾으심)

[가다듬기]

하나님을 잘 믿기 위해서는 하나님을 만나는 체험이 있어야 한다. 하나님을 만날 수 있는 방법에는 여러 가지가 있지만 가장 중요한 것은 예배다. 예배는 하나님과의 만남이 이루어지는 시간임을 배우고 예배의 중요성을 깨닫고자 한다.

마음열기

물질적인 것만 놓고 보면 사실 인간은 별로 대단한 존재는 아닙니다. 인간은 다음과 같은 20여 가지 원소들의 결합체일 뿐입니다. 10갤런의 물, 한 개의 닭장을 칠할 수 있는 석회, 2,3번의 사진 조명을 할 수 있는 마그네슘, 한 끼의 식사를 하기에 충분한 소금, 세 타스의 성냥을 만들 수 있는 인, 집 안을 한 번 청소할 수 있는 양의 암모니아, 한 개의 못을 만들 수 있는 철, 차 한 잔에 넣을 수 있는 설탕…

그 물질적인 가치만 따지면 채 만 원도 되지 못합니다.

그럼에도 불구하고 인간이 다른 동물들과는 차원이 다른 존귀한 존재인 이유는 인간은 영적인 존재이기 때문입니다. 오직 인간에게만 종교성이 있습니다.

오직 인간만이 하나님께 예배하며 하나님과 교제할 수 있는 영적 존재로 창조되었습니다. 예배드릴 때 우리는 하나님을 만날 수가 있고, 가장 존귀한 존재가 됩니다.

하나님과 갓톡해요!

God! OO아, 네가 생각할 때 예배드릴 때 필요한 것은 무엇이라고 생각하니?

설명 | 예배는 하나님께 드리는 것입니다. 우리는 예배를 통해 하나님을 만나고 그분의 말씀을 깨닫게 되지요. 그런데 요즘 이 예배의 의미가 점점 퇴색되고 있는 것 같습니다. 예배가 그저 드려야만 하는 일종의 습관이 되어 마음 없이 껍데기만 있는 예배를 드리게 될 때가 얼마나 많은지 모릅니다. 그러나 예배는 두렵고 떨리는 마음으로 하나님을 만나는 것입니다.

한편, 오늘날 우리는 참 편리한 세상 속에서 살고 있는 것 같습니다. 과학의 발전으로 이제 인간은 각종 기계과 발명품으로 좀 더 효율적인 삶을 살게 되었지요. 이러한 영향은 예배시간에도 영향을 미칩니다. 성경책은 무겁다는 이유로 집에 두고 핸드폰 어플로 성경을 보기도 하니 말입니다. 또한 이와 별개로 요즘엔 예배시간에 음료수를 들고 오는 것이 당연한 것으로 여겨지기도 합니다. 음료를 마시는 것이 옳다, 그르다 판단할 수는 없지만 핸드폰이나 음료 같은 것들이 예배의 필수 요소가 아님은 분명합니다.

하나님께 예배하기 위해 가장 필요한 것은 우리의 마음입니다. 하나님께서는 신령과 진정으로 예배하는 예배자를 찾고 계심을 알려주세요.

 # 해시테그 _ 오늘 과에 대한 내 생각을 간단한 단어로 표현해봐요.

♡ ○ ◁   ▭

좋아요   개

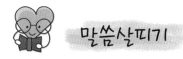
말씀살피기

아래 말씀을 깊이 묵상하며 답을 해봅시다.

[요한복음 4:13~24]

¹³ 예수께서 대답하여 이르시되 이 물을 마시는 자마다 다시 목마르려니와 ¹⁴ 내가 주는 물을 마시는 자는 영원히 목마르지 아니하리니 내가 주는 물은 그 속에서 영생하도록 솟아나는 샘물이 되리라 ¹⁵ 여자가 이르되 주여 그런 물을 내게 주사 목마르지도 않고 또 여기 물 길으러 오지도 않게 하옵소서 ¹⁶ 이르시되 가서 네 남편을 불러 오라 ¹⁷ 여자가 대답하여 이르되 나는 남편이 없나이다 예수께서 이르시되 네가 남편이 없다 하는 말이 옳도다 ¹⁸ 너에게 남편 다섯이 있었고 지금 있는 자도 네 남편이 아니니 네 말이 참되도다 ¹⁹ 여자가 이르되 주여 내가 보니 선지자로소이다 ²⁰ 우리 조상들은 이 산에서 예배하였는데 당신들의 말은 예배할 곳이 예루살렘에 있다 하더이다 ²¹ 예수께서 이르시되 여자여 내 말을 믿으라 이 산에서도 말고 예루살렘에서도 말고 너희가 아버지께 예배할 때가 이르리라 ²² 너희는 알지 못하는 것을 예배하고 우리는 아는 것을 예배하노니 이는 구원이 유대인에게서 남이라 ²³ 아버지께 참되게 예배하는 자들은 영과 진리로 예배할 때가 오나니 곧 이 때라 아버지께서는 자기에게 이렇게 예배하는 자들을 찾으시느니라 ²⁴ 하나님은 영이시니 예배하는 자가 영과 진리로 예배할지니라

1. 하나님은 어떤 분이십니까? (24a)

정답_ 하나님은 영이십니다. 하나님은 피조되지 않고 영원부터 스스로 존재하는 영이시며, 단순한 에너지나 능력이 아니라 지성과 감정, 의지를 가진 인격체이십니다. 하나님은 영이시기 때문에 형체도 없고 보이지도 않습니다.

그러나 보이지 않을 뿐 하나님은 분명히 존재하십니다. 하나님께서는 비록 보이지는 않지만 예배 시간에 충만히 임하셔서, 예배자를 만나주시고 은혜를 내려주십니다.

2. 하나님은 어떤 사람을 찾으십니까? (23절)

정답_ 하나님께 예배하는 자를 찾으십니다.

사람은 똑똑한 사람, 많이 가진 사람, 잘생기고 예쁜 사람, 인기 좋은 사람, 권세 있는 사람 등을 귀하게 여기고 그런 사람들을 주목합니다. 그러나 하나님께서는 그런 사람들보다도, 비록 부족할지라도 하나님께 예배하는 사람을 찾으십니다. 하나님의 눈에는 예배자가 세상의 어떤 사람보다도 귀합니다.

찾는다는 것은 그 대상이 귀하다는 것을 전제합니다. 보석은 귀하기 때문에 찾지만, 돌맹이는 찾는 사람이 없을 것입니다. 하나님께서는 예배자를 찾으십니다. 하나님의 눈에 그들은 보석처럼 귀한 존재들입니다.

3. 우리는 하나님께 어떤 예배를 드려야 합니까? (24절)

정답_ 영과 진리로 예배 드려야 합니다.

첫째는, 신령으로 예배를 드려야 합니다. 즉, 내 영혼으로 예배를 드리는 것입니다. 이는 예배 시간에 몸만 와 있는 형식적인 예배가 아니라 내 영혼 깊은 곳에서 영이신 하나님과 만나는 예배가 되어야 합니다.

둘째는 진정으로 예배를 드려야 합니다. 즉, 진리의 말씀대로 예배를 드리는 것입니다. 예배의 대상과 이유, 방법이 성경적이어야 합니다. 성경이 가르쳐주는 삼위일체 하나님께(예배의 대상) 그분이 우리를 위해 행하신 창조와 구원의 역사를 인해(예배의 이유) 하나님께서 원하시는 방법(예배의 방법)으로 예배를 드려야 합니다.

4. 우리가 하나님께 참으로 예배할 때 어떤 축복을 누리게 됩니까? (13-14절)

정답_영원히 목마르지 않도록 우리 안에서 영생하도록 솟아나는 샘물이 흐르게 됩니다. 이는 하나님을 만났을 때 얻게 되는 영원한 참된 만족을 상징합니다.

본문에 나오는 사마리아 여인은 차례로 다섯 명이나 되는 남편과 살아보았고, 지금도 다른 남자와 살고 있지만 참된 만족을 얻지 못했습니다. 그녀는 육신만 목이 마른 것이 아니라, 영혼 또한 목이 말랐습니다.

세상 어떤 것으로도 우리는 참된 만족을 얻지 못합니다. 우리 안에는 세상 모든 것으로 도 채우지 못할 텅 빈 공간이 있습니다. 그곳은 오직 하나님만이 채우실 수 있습니다. 예배를 통해 하나님을 만나야만 우리는 참된 만족과 행복을 누리며 살 수 있습니다.

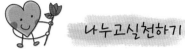

1. 각자 자신이 시간 가는 줄 모를 정도로 가장 재미있게 하는 활동은 무엇인지, 그 이유는 무엇인지 나누어 봅시다.

2. 자신의 예배 생활에 점수를 매긴다면 100점 만점에 몇 점 정도 될까요? 점수를 깎이게 만드는 요소는 무엇이 있을까요?

3. 예배에 대한 다음의 글을 읽고, 각자 자신의 예배 생활을 돌아봅시다. 자신의 예배 생활에서 더 좋아져야할 점은 무엇이 있을까요?

   * "예배에 해당하는 영어 단어인 'worship'은 'worth'(가치)와 '-ship'(신분)의 합성어로서, '가치 있음'이라는 뜻이다. 예배란, 하나님을 최상의 가치가 있는 분으로 인정하고 그분의 가치에 어울리는 최고의 영광을 돌리는 것이다"

   * 로버트 웨버(R. E Webber) : "예배는 하나님의 인격과 그의 사역을 찬양하면서 하나님께 영광을 돌리는 하나님과의 인격적인 만남이다."

   * 워렌 위어스비(Warren Wiersbe) : "예배란 하나님의 존재와 하나님께서 말씀하신 것 그리고 하나님께서 행하신 모든 것에 대한 인간의 모든 것, 즉 몸과 마음과 감정과 뜻을 다 한 신자의 응답이다."

   예배는 그 존재 자체가 지극히 위대하시고, 행하신 모든 일 또한 무한히 위대하신 하나님께 우리의 모든 것을 동원하여 우리가 할 수 있는 최선의 것으로 찬양과 영광을 돌리는 것입니다.

11과 말씀을 들으세요
(믿음은 들음에서)

[가다듬기]

하나님께서는 말씀을 통해 우리를 만나주신다. 말씀을 듣고 읽고 공부할 때, 그리고 암송할 때
우리는 하나님을 만날 수 있다. 그중에서도 말씀을 들을 때 하나님께서 우리에게 믿음을 주시고
우리를 만나주심을 깨닫고자 한다.

마음열기

미국에 너무나도 깊은 실의에 빠져 낙심과 절망 가운데
있는 한 변호사가 있었습니다. 가난으로 인해 그는 학
교를 9개월 밖에 다니지 못하였습니다. 9살이었을 때
에 어머니가 세상을 떠났습니다. 22살에 사업을 시작
하였으나 실패하였습니다. 23살에 주 의회에 출마하
였으나 낙선하였습니다.

24살에 다시 사업에 실패하여 17년 동안이나 빚을 갚
아야 했습니다. 27살에 신경쇠약과 정신분열증에 시
달렸습니다. 29살에 주의회 의장직에 나섰으나 떨어졌
습니다. 34살에 하원의원에 출마하였으나 낙선하였습니다. 46
살에 상원의원으로 출마하였으나 낙선하였습니다. 47살에 부통령으로 출마하였으나 낙선하였습
니다.

49살에 다시 상원의원에 출마하였으나 낙선하였습니다. 그런 상황 속에서 친구들은 그가 자살이
라도 해버릴까봐 걱정이 돼서 교대로 그를 살필 정도였습니다. 그러나 그는 그런 상황 속에서도
돌아가신 어머께서 물려주신 낡은 성경책 한 권을 붙들고 다시 일어섰습니다. 시편 34편 4절의
말씀 "내가 여호와께 간구하매 내게 응답하시고 내 모든 두려움에서 나를 건지셨도다"를 붙잡고
다시 일어섰습니다. 그리고 마침내 2년 뒤에는 미국의 16대 대통령에 당선되었습니다. 그는 아브
라함 링컨입니다.

 하나님과 갓톡해요!

God! 너에게 힘이 되는 성경구절이 있니? 있다면 나에게도 알려주렴!

설명 | 살다보면 누구에게나 실패와 어려움이 있습니다. 넘어질 때가 있고 주저앉아 일어날 힘이 없을 때도 있을 것입니다. 그러나 절망하지 않아야 할 것은 우리에게는 우리와 함께하시는 하나님이 계시기 때문입니다.

그런데 정작 어려움이 닥치면 눈 앞의 어려움 때문에 하나님이 함께하신다는 사실을 잊어버릴 때가 너무나 많습니다. 그럴 때 하나님의 말씀은 하나님의 함께하심과 도우심을 다시 깨닫게 합니다. 그래서 우리가 말씀을 듣고 아는 것은 매우 중요합니다.

우리 친구들 각자에게 힘이 되는 성경구절이 있는지 나눠봅시다. 그리고 함께 말씀을 암송하면서 언제나 하나님의 말씀을 믿고 담대히 나아가는 우리 친구들이 될 수 있도록 함께 기도해주세요.

해시태그 _ 오늘 과에 대한 내 생각을 간단한 단어로 표현해봐요.

♡ ○ ◁ 🔖

좋아요 **개**

말씀살피기

아래 말씀을 깊이 묵상하며 답을 해봅시다.

[이사야 55:6~11]

⁶ 너희는 여호와를 만날 만한 때에 찾으라 가까이 계실 때에 그를 부르라 ⁷ 악인은 그의 길을, 불의한 자는 그의 생각을 버리고 여호와께 돌아오라 그리하면 그가 긍휼히 여기시리라 우리 하나님께로 돌아오라 그가 너그럽게 용서하시리라 ⁸ 이는 내 생각이 너희의 생각과 다르며 내 길은 너희의 길과 다름이니라 여호와의 말씀이니라 ⁹ 이는 하늘이 땅보다 높음 같이 내 길은 너희의 길보다 높으며 내 생각은 너희의 생각보다 높음이니라 ¹⁰ 이는 비와 눈이 하늘로부터 내려서 그리로 되돌아가지 아니하고 땅을 적셔서 소출이 나게 하며 싹이 나게 하여 파종하는 자에게는 종자를 주며 먹는 자에게는 양식을 줌과 같이 ¹¹ 내 입에서 나가는 말도 이와 같이 헛되이 내게로 되돌아오지 아니하고 나의 기뻐하는 뜻을 이루며 내가 보낸 일에 형통함이니라

1. 비와 눈은 어떤 특징을 가지고 있습니까? (10절)

정답_ 비와 눈은 하늘에서 내려서 다시 하늘로 돌아가 버리지 않습니다. 또한 비와 눈이 내리면 땅에 스며들어 다 없어져 버리는 것 같아도, 식물들에게 흡수되어 싹을 틔우고 열매를 맺게 합니다. 비와 눈은 절대로 헛되이 내리지 않고, 반드시 열매가 맺힙니다.

2. 비와 눈이 하나님의 말씀과 비슷한 점은 무엇입니까? (11절)

정답_ 하나님의 입에서 나오는 말씀도 헛되이 다시 하나님께 되돌아가지 않고, 반드시 열매를 맺습니다. 하나님께서 기뻐하시는 뜻을 이루며, 하나님께서 원하시는 일들을 이룹니다. 하나님의 말씀을 들을 때 우리에게 믿음이 생기고, 우리의 믿음대로 하나님은 이루어주십니다.

3. 하나님의 말씀대로 될지 의심하는 사람들에게 어떤 말씀을 주십니까?
(8-9절)

정답_ 하늘이 땅보다 높음같이 하나님의 생각과 길은 우리의 것보다 높습니다. 우리의 생각으로는 도저히 할 수 없는 일도 하나님은 하실 수 있고, 우리가 보기에는 도저히 해결방법이 없는 일도 하나님께는 방법이 있습니다.

4. 우리는 어떤 자세로 하나님께 나아가야 합니까? (6-7절)

정답_ 하나님께서 불러주실 때 기회를 놓치지 말고 하나님을 찾고 하나님을 불러야 합니다. 잘못한 것이 있으면 회개하고 하나님께로 돌아와야 합니다.

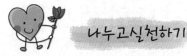

나누고실천하기

1. 각자의 핸드폰에 가장 최근에 온 문자 메시지나 카톡은 누구에게서 온 것인지, 그 내용은 무엇인지 나눌 수 있으면 나누어 봅시다. 말씀은 하나님께서 당신에게 주신 메시지입니다. 최근에 들은 말씀 중에서 기억에 남거나 가슴에 와 닿았던 말씀은 무엇입니까?

2. 하나님께서는 말씀을 통해서 어떻게 역사하십니까? 다음 말씀을 읽고 신앙생활에서 말씀의 중요성에 대해 이야기해봅시다.

   롬 10:17 | 그러므로 '믿음'은 들음에서 나며 들음은 그리스도의 말씀으로 말미암았느니라
   벧전 1:23 | 너희가 '거듭난 것'은 썩어질 씨로 된 것이 아니요 썩지 아니할 씨로 된 것이니 살아있고 항상 있는 하나님의 말씀으로 되었느니라
   벧전 2:2 | 갓난 아기들 같이 순전하고 신령한 젖을 사모하라 이는 그로 말미암아 너희로 구원에 이르도록 '자라게' 하려 함이라

   하나님께서는 말씀을 통해 믿음을 주시고, 거듭나게 하시며, 신앙이 자라게 하십니다. 말씀을 처음 들을 때는 긴가민가 하지만 자주 듣다보면 '그럴 수도 있겠다' 싶고 그러다가 나중에는 "믿습니다!"라고 확신하게 됩니다. 가랑비에 옷 젖는다는 속담처럼, 하나님의 말씀이 단비처럼 우리의 마음에 내리면 믿음의 싹이 나고 열매가 맺히게 됩니다. 그러므로 우리는 늘 말씀 듣는 일을 사모해야 합니다.

3. 예배시간에 더 집중해서 말씀을 들을 수 있는 방법은 무엇이 있을지 나누어보고, 실천해 봅시다.

   예)   예배시간에 먼저 와서 말씀을 위해 기도하기
         설교 본문 말씀을 미리 여러 번 읽어보기
         설교 중 와 닿은 말씀을 메모해보기
         예배 후 설교 주제를 한 문장으로 요약해서 서로 나눠보기 등

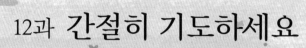

12과 간절히 기도하세요

(기도하면 만나주심)

[가다듬기]

하나님께서는 기도할 때 우리를 만나주시고 응답해주신다. 기독교 신앙은 단순한 지식의 신앙이 아니라, 체험의 신앙이다. 우리는 기도를 통해 하나님을 체험할 수 있고, 하나님에 대한 확고한 체험적 지식을 얻을 수 있다. 신앙생활에서 기도의 중요성을 깨닫고자 한다.

 마음열기

나폴레옹이 전투에 나가려는데 부하가 "폐하, 하나님께 기도를 하고 나가시지요." 라고 말했습니다. 나폴레옹은 "그런 건 필요 없어. 전쟁은 내가 하는 것이지 하나님이 하는 것이 아니야. 내 사전에 불가능은 없어" 라고 대답했습니다. 결국 그는 영국이 주도한 연합군과의 워털루 전투에 패하고 세인트 헤레나섬에 유배되어 비참한 최후를 맞이했습니다.

한편, 영국 해군의 넬슨 제독은 "여호와께서 집을 세우지 아니하시면 세우는 자의 수고가 헛되며 여호와께서 성을 지키지 아니하시면 파수꾼의 경성함이 허사로다"(시 127:1)라는 성경 말씀을 암송하며, 갑판 위에서 무릎을 꿇고 간절히 기도했습니다.

그는 트라팔가 해전에서 기적적으로 승리하여 나폴레옹의 군대로부터 영국을 지켜냈고, 지금도 가장 존경받는 인물이 되었습니다. 하나님이 필요 없다는 사람은 하나님도 만나주시지 않지만, 하나님을 간절히 찾는 사람은 하나님께서 만나주시고 놀라운 응답을 주십니다.

"나를 사랑하는 자들이 나의 사랑을 입으며 나를 간절히 찾는 자가 나를 만날 것이니라" (잠 8:17)

하나님과 갓톡해요!

God! "기도란 OO이다!" 에 들어갈 OO을 생각해보고 그렇게 생각한 이유를 함께 이야기해 보자!

설명 | 이 질문을 통해 우리 친구들 각자의 기도에 대한 생각을 알 수 있을 것입니다. 어떤 이는 기도를 단순히 우리의 소원을 구하는 것으로 여길 수 있고 어떤 이는 기도를 '하나님과의 대화'라고 생각할 수 있습니다. 그 외에도 여러 생각이 있을 것입니다.

이 나눔을 통하여 아이들이 가지고 있는 생각을 파악하시고 나눔이 끝난 후에는 기도가 하나님과 만나는 시간임을 알려주세요. 아이들이 좀 더 성숙한 기도의 모습을 통해 하나님께 나아가길 기대합니다.

 # 해시태그 _ 오늘 과에 대한 내 생각을 간단한 단어로 표현해봐요.

좋아요   개

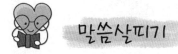

말씀살피기

아래 말씀을 깊이 묵상하며 답을 해봅시다.

[예레미야 33:1~9]

¹ 예레미야가 아직 시위대 뜰에 갇혀 있을 때에 여호와의 말씀이 그에게 두 번째로 임하니라 이르시되 ² 일을 행하시는 여호와, 그것을 만들며 성취하시는 여호와, 그의 이름을 여호와라 하는 이가 이와 같이 이르시도다 ³ 너는 내게 부르짖으라 내가 네게 응답하겠고 네가 알지 못하는 크고 은밀한 일을 네게 보이리라 ⁴ 이스라엘의 하나님 여호와께서 말씀하시니라 무리가 이 성읍의 가옥과 유다 왕궁을 헐어 갈대아인의 참호와 칼을 대항하여 ⁵ 싸우려 하였으나 내가 나의 노여움과 분함으로 그들을 죽이고 그들의 시체로 이 성을 채우게 하였나니 이는 그들의 모든 악행으로 말미암아 나의 얼굴을 가리어 이 성을 돌아보지 아니하였음이라 ⁶ 그러나 보라 내가 이 성읍을 치료하며 고쳐 낫게 하고 평안과 진실이 풍성함을 그들에게 나타낼 것이며 ⁷ 내가 유다의 포로와 이스라엘의 포로를 돌아오게 하여 그들을 처음과 같이 세울 것이며 ⁸ 내가 그들을 내게 범한 그 모든 죄악에서 정하게 하며 그들이 내게 범하며 행한 모든 죄악을 사할 것이라 ⁹ 이 성읍이 세계 열방 앞에서 나의 기쁜 이름이 될 것이며 찬송과 영광이 될 것이요 그들은 내가 이 백성에게 베푼 모든 복을 들을 것이요 내가 이 성읍에 베푼 모든 복과 모든 평안으로 말미암아 두려워하며 떨리라

1. 하나님은 어떤 분이십니까? (2절)

정답_ 하나님은 자신을 '일을 행하시는 여호와, 그것을 만들며 성취하시는 여호와'로 소개하고 있습니다. 본문은 이스라엘이 바벨론 제국에게 패망을 앞에 둔 암울한 시대 배경에 예레미야 선지자에게 주어진 말씀입니다. 비록 지금은 이스라엘이 바벨론 제국에게 패망하고 백성들은 포로로 끌려가는 어려움을 겪고 있지만, 앞으로 하나님께서 역사하셔서 그들을 모두 회복시켜 주실 것을 약속하시는 말씀입니다.

2. 하나님께서는 어떤 사람들을 위해 역사하십니까? (3절)

정답_ 부르짖는 사람을 위해 응답하십니다. 하나님께서는 우리에게 부르짖어 기도하라고 말씀하십니다. 우리가 그렇게 기도하면 하나님께서는 우리가 알지 못하는 크고 은밀한 일을 이루어 주십니다.

3. 이스라엘이 악을 행할 때 하나님께서는 어떻게 하셨습니까? (4-5절)

정답_ 이스라엘의 악행으로 말미암아 그들을 외면하셨습니다. 하나님께서 외면하시자 이스라엘은 갈대아 사람들(바벨론 제국)의 침공을 받아 시체가 성에 가득하게 되었습니다.

4. 하나님께 회개하고 부르짖을 때 어떤 역사가 일어납니까? (6-9절)

정답_ 6 이 성읍을 치료하며 고쳐 낫게 함 : 폐허가 되었던 예루살렘 성을 다시 재건해 주십니다.
7 이스라엘의 포로를 돌아오게 함 : 바벨론에 포로로 끌려가 온갖 고생을 다해야 했던 백성들이 다시 돌아올 수 있게 하십니다.
8 모든 죄악을 사함 : 그동안의 모든 죄악을 다 용서해 주십니다.
9 이 성읍이 세계 열방 앞에서 찬송과 영광이 되게 함 : 그 백성들을 회복시키시되 단순히 원상복구만 해주시는 차원을 뛰어 넘어 온 세계 앞에서 하나님께 찬송과 영광이 될 수 있도록 이전보다 더 좋게 회복시켜 주십니다.

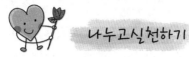

나누고실천하기

1. 만약 하나님께서 한 가지 소원을 들어주시겠다고 하신다면 무엇을 구하겠는지
요? 그 이유는 무엇인가요?

2. 기도할 때 어려운 점은 무엇이 있는지 나누어 보고, 어떻게 하면 이를 잘 극복할
수 있을지 생각해 봅시다.

   예)   여러 가지 다른 생각들이 나서 집중이 되지 않는다.
         하나님께서 들어주신다는 믿음이 없다.
         친구들을 의식하게 돼서 기도가 잘 안 된다.
         다른 사람의 기도 소리만 들려와서 방해가 된다. 등

3. 다음 말씀을 읽어보고 하나님께서 부르짖는 자에게 어떤 응답을 주시는지 나누
어 봅시다.

   시 30:2 | 여호와 내 하나님이여 내가 주께 부르짖으매 나를 '고치셨나이다'

   시 34:6 | 이 곤고한 자가 부르짖으매 여호와께서 들으시고 그의 모든 '환난에서 구원하셨도다'

   시 57:2 | 내가 지존하신 하나님께 부르짖음이여 '곧 나를 위하여 모든 것을 이루시는' 하나님
   께로다

   시 61:2 | 내 마음이 약해 질 때에 땅 끝에서부터 주께 부르짖으오리니 '나보다 높은 바위에 나
   를 인도하소서'

   시 118:5 | 내가 고통 중에 여호와께 부르짖었더니 여호와께서 응답하시고 '나를 넓은 곳에 세
   우셨도다'

4. 서로의 기도 제목들을 나누어 보고, 한 주간 동안 자신을 위해서도 기도하고 또
한 친구들을 생각하며 서로 기도해 주기로 해요.

박태용 목사

박태용 목사는 총신대학교 신학과와 신학대학원에서 신학을 공부하였다.

청년목회자연합의 월간 큐티집인 '큐티진'의 주 집필자로 10년 넘게 사역을 하면서, 독자들에게 성경 전체를 해설해주고 그들 스스로 묵상할 수 있도록 돕는 글을 써왔다.

또한 다수의 설교사전, 성경주석, 예화집 등의 작업에 참여한 문서사역자다.

현재 평택예향교회 담임목사로 섬기고 있으며, 아내 김혜연 사모와 자녀들(샤론, 성주)과 더불어 행복한 가정을 일구고 있다. 하나님의 은혜 아래, '좋은 남편, 좋은 아빠, 좋은 목사'가 되기를 꿈꾸며 노력하는 중이다.